自衛隊違憲論の原点

内藤 功=著
Isao Naito

The Origin of the Self-Defense Forces Unconstitutional Argument

日本評論社

自衛隊違憲論の原点　［目次］

目次

第二章　憲法を武器として――映画で甦った恵庭事件（稲塚秀孝監督と語る）――51

第一章　私の「戦争」——最後の海軍経理学校生徒

幼年期から少年期へ——戦時下の記憶

私は一九三一年三月二日に生まれました。四人きょうだいの長男です。

私が生まれた年に満州事変が起きています。その六年後の一九三七年、盧溝橋事件を発端として、日本と中国の全面戦争が始まりました。小学校に入学した年でした。そして一九四一年、日本が真珠湾攻撃を行って太平洋戦争が始まり、一九四五年に終戦を迎えました。私の幼年期と少年期はこのように戦争の時代とほぼ重なっています。

生家は東京の中央区（当時は京橋区）で酒問屋を営んでおりました。父は酒問屋を継がず会社勤めをしておりましたが、一九四一年、三九歳の時に召集令状がきて満州に送られました。関東軍特別演習（通称「関特演」。四一年七月から八月にかけて実施された満州への兵力や武器等の一大動員作戦）のための動員でした。その後、四四年一月まで、予備役砲兵少尉としてハルビン近郊に駐屯していました。

私はというと、小学校時代からプロ野球にはまり、よく後楽園球場（いまの東京ドーム）に巨人戦を観に行きました。それで思い出す光景があります。試合中の球場に「四番、ファースト、川上（「打撃の神様」川上哲治ですね）」と場内アナウンスが流れる。これはいまと同じです。でも、続けてこんなアナウンスが入る。「○○区の○○さん、ご自宅に召集令状が届いております。至急お帰りください」。名前をアナウンスされたご本人が観客席で立ちあがってお辞儀をするんです。すると周囲の観客から拍手が沸き起こり、声がかかる。「しっかり頑張ってこいよ」。そんな場面に二回くらい遭遇しました。いまではありえない話ですね。当時といまの違い、戦争をしている国としていない国との違いです。あす召集令状が来るなんていう状況、いまでは想像もつかないでしょう。

でも当時多くの庶民には、日本が侵略戦争を行っているなどという認識はありませんでしたし、軍隊に入ることは国民として当たり前、むしろ名誉なことであると、世の中全体がそういうふうに思い込まされている雰囲気だったんです。

当時、世の中の動きについての庶民の情報源はマスコミでした。テレビもインターネットもありませんから、まずラジオ、そして新聞、雑誌、書籍、ニュース映画です。ただ、そういったメディアで、戦争とか軍隊を批判的に採りあげることは御法度でした。批判的な報道や論評だけでなく、厭戦的な感情を呼び起こすような映画や音楽など文化的な作品も、次第に官憲による取締りの対象となっていきました。それで国民が接する報道や言論や作品は戦争・軍隊を賛美するものだけになっておりました。そうした傾向は、とりわけ日中戦争の進むにつれて顕著になり、米、英相手の太平洋戦争が始まりますと、さらに徹底した統制によって、マスコミは政府と軍のプロパガンダの積極的な担い手となりました。

そこで注目しておきたいのは映画の影響力です。しばしば文章よりも映像のほうが、ストレートに受け手の情動を呼び起こします。映画によって戦争と軍隊の華々しさ、雄々しさ、迫力を「感動的に」見せる。子どもたちの気持ちを高揚させ、軍への志願をあおっていたわけですね。

それから、マスコミとともに重要なのが教育です。戦前の教育を受けた世代、高齢の人たちにはいまも「教育勅語」をそらんじている方々が少なくありません。小学校で暗誦させられたからです。教育勅語の内容は、家父長制国家観と忠君愛国主義に基礎を置き、儒教的思想に基づく徳目を挙げていました。そして、教育勅語に基づく国民道徳の涵養を目的とした「修身」という道徳の授業が行われておりました。

さらに、「国史」という歴史科目がありました。皇国史観に立って、建国神話に基づく日本歴史が教えられていました。その授業で先生は教科書に従って子どもたちに建国神話を教え、力をこめて戦争美談を語っておりました。運動会で男子が行った「帽子取り」とか「騎馬戦」は、競技というより勇猛さだけを競う戦争ごっこみたいなものになっていましたね。

もうひとつ、学校には「御真影奉安殿《ごしんえいほうあんでん》」という特別な場所や建物がありました。そこには「御真影」（天皇の肖像写真のことです）が飾られていて、祝祭日や重要な儀式などの折に教師も生徒も「御真影」に向かって最敬礼する慣わしになっていました。こうした教育が、教育勅語の発布から半世紀を超えて一九四五年の終戦に至るまで続いていたのです。

天皇は神格化された雲の上の存在で、論評することはもちろん話題にすることさえ禁止されておりました。法制度をみても、当時の刑法には「不敬罪」の規定がありましたし、さらに治安維持法という法律があり、警察や憲兵隊（軍の警察）が監視の目を光らせていました。

そういう状況だったこともあり、家族との会話の中でさえ、天皇の話題が出ることはほとんどありませんでしたね。天皇の「親族」である皇族についても同様でした。ただ、私は中学生のころ、新聞で昭和天皇が陸軍の軍服を着て（天皇は陸軍大元帥でした）立っている全身写真を見たことがあったんです。その時思ったのは、脚があるし、長靴をはいているし、どう見たって人間だよ、と。「神」とどこでどうつながるのか、わからなくなりました。

当時のことを、戦後生まれの人たちから訊かれたことがあります。「将来の日本の国や社会の中心になるはずの優秀な若者たちが、そろいもそろって軍国少年・軍国少女・軍国青年になっていったのはなぜなのですか」。不思議に思うでしょうね。教育勅語や皇国史観に則った教育が「明治維新」このかた七十数年にわたって行われてきて、そういう教育の下で成長していくとどうなるか。さらに映画、軍歌、ラジオといった身近な情報源を通じて国策に沿った情報・文化だけに接しているとどうなるか。洗脳といえばそうなのですが、それ以上に「空気」としか言いようのない規範意識やモラルのようなものが社会の隅々にまで浸透してしまうのです。当時を知らない人たちに理解し難いのも無理はありません。ほとんどの日本人が、ギュッと絞り込まれるようにして一定の方向へと流れていってしまっていた。

このように、マスコミも教育も、戦争の真相、その悲惨さ、軍隊の本質、その冷酷さを国民に伝えることがなかったのです。一九四一年一二月に米国・英国との戦端が開かれてから、最初の半年ほどは「連戦連勝」を伝えるマスコミ報道に国民は沸き返っておりました。しかし、四二年六月のミッドウェー海戦を境に早くも雲行きが怪しくなると、そのあたりから国民に正確な戦況は届けられなくなります。

ミッドウェー海戦の二ヶ月後の八月に始まったガダルカナル島をめぐる攻防戦で日本軍は二万人以上ともいわれる戦死者を出しました。ひどい消耗戦の末、撤退が完了したのは翌四三年二月のことでした。しかも戦死者の大半、一万五〇〇〇人が餓死だったと推定されており、ガダルカナル島は「餓島《がとう》」と呼ばれるようになりました。

「ミッドウェー」と「ガダルカナル」、この二つの大敗は、太平洋戦争の大きなターニングポイントでした。その後は、日本が占領して前進基地にしていた太平洋の島々は次々と奪われていきました。主な戦闘とその犠牲者・損害を挙げてみます。アッツ島（四三年五月。守備隊二五〇〇人玉砕）、サイパン島（四四年六月。守備隊四万人玉砕）、マリアナ沖海戦（同。空母三隻、艦載機二八〇機喪失）、フィリピン・レイテ沖海戦（四四年一〇月。戦艦「武蔵」、巡洋艦「愛宕《あたご》」

「鳥海《ちょうかい》」、空母「瑞鶴《ずいかく》」ほか多数喪失。連合艦隊の事実上の壊滅）、硫黄島（四五年二月。守備隊二万三〇〇〇人玉砕）、そして沖縄（四五年四月。九万人玉砕、一〇万人以上が犠牲）。惨たんたる戦況ですが、いずれも国民に対しては真実はひた隠しにされておりました。

前進基地が次々に奪われ、サイパン島、沖縄からB29爆撃機、硫黄島からP51戦闘機が本土に飛んできました。米艦隊は日本本土近海に攻め込んできました。こうして本土各地が米軍による空襲や艦砲射撃にさらされることとなりました。それはもう本土が戦場になったようなものですから、私たちは、この戦争は米国の侵略に対する防衛戦争だという錯覚に陥っておりました。

軍人を志願する

一九四五年八月一五日、天皇が読み上げる「戦争終結に関する詔書」がラジオから流れた時、私は海軍経理学校の生徒でした。軍人として終戦を迎えたわけです。ここでそのあたりのことをお話ししようと思います。

私は子どもの頃から軍人になりたいという気持ちがあったわけではありません。そうはいっても、男の子は徴兵制度で兵隊に取られます。戦時であろうがなかろうが、日本国民の男子は二十歳《はたち》になると兵役につく義務がありました。「国民皆兵」です。

中学生になったころ、どのみち二十歳になって兵隊に取られるなら、むしろ早く軍隊に入ろう、職業軍人になろうという気持ちになったんです。人間として生きていくためのそれ以外の進路、他の職業が見えなかったのです。

そのころ、満州にいる父から手紙が来ました。「お前は会社員、教員、官吏とか、そうでなければ画家、小説家が向いていると思わないか」というのです。「お金を貯めて世界漫遊したいとは思わないか」とも。どうやら、母が父に手紙を書いて、私を説得して軍人になるのを思いとどまらせてほしいと頼んでいたらしいのです。私は父に返事を書いて「そういう考えはない」とあっさり拒否しました。中学校にいても勤労動員で働かされるし、ろくに勉強もできない。軍の学校に入れば、学科の勉強もできるうえに授業料もかからない（命と引き替えですから）。おまけに食糧も優先的に軍に回されているから、とにかくメシが食える。家の食い扶持《ぶち》だって一人分減らせるじゃないか。そんなふうに考えていました。

海軍経理学校に合格、そして東京大空襲

当時、海軍の士官養成制度は、「海軍兵学校」、「海軍機関学校」、「海軍経理学校」の三つがあって、海軍三校と呼ばれておりました。いずれも海軍の正規士官、つまり終身軍務に服する職業

軍人の養成機関です。

「海軍兵学校」は兵科将校を養成する学校で、砲術、水雷、航海、航空、通信などを学びます。

「海軍機関学校」は機関科将校を養成する学校です。巨大な機械構造物である艦艇を動かす原理や仕組み、電気とかメカを教えます。

「海軍経理学校」は主計科士官を養成する学校です。会計・経理にとどまらず、被服や糧食、燃料など、戦闘力の根源である人力の給養経理、物力の整備充実、戦務の処理など、海軍における兵站《へいたん》に関わる事柄が主計科の仕事なわけです。

志願の書類を書くとき、最初は兵学校を第一志望に書きましたが、父が、経理学校を第一志望にしろ、そうでなければハンコを押さないというので、それには従いました。おそらく父は、経理学校なら後々前線に送られる可能性が低いのではないか、という考えだったのでしょう。

一九四四年一二月、当時、東京湾に面した品川の台場にあった経理学校本校に試験を受けに行きました。その翌年三月、空襲の激化に伴い、経理学校の本科は兵庫県の垂水に移っています。予科は奈良県橿原《かしはら》に新設されます。

試験は三日間あって、校内で泊まることになっていました。食事も出ます。私の癖ですが、試験の前日一一月三〇日に会場を確認に行ったのです。品川駅から地図を頼りに学校まで歩いて行きました。現在の東京海洋大学、三本マストの帆船、練習船がある場所です。

学校の正門前で、正面に皇室の紋章、菊花の紋章が見えるので敬礼して引き返そうとしたら、衛門のところに銃を持って直立不動の姿勢で立っていたカーキ色の戦闘服姿の番兵（水兵さん）が声をかけてきたんです。

「お前、覚悟して来たのかい、憧れて来たのかい」

私は咄嗟に応えました。

「覚悟して来ました」

水兵さんは私の頭のてっぺんからつま先までまじまじと見ていました。その眼がとても穏やかだったのを憶えています。

その時は、なんでそんなことを訊くんだろう、と思いました。覚悟して来るのは当たり前じゃないかいう気持ちですよね。ところが、水兵さんの言う「覚悟」と当時の私の「覚悟」とが、まるで違う意味なのだということがだんだんわかってきたのは、実際に海軍経理学校に入ってからのことでした。私の「覚悟」は、海軍の軍人になろう、職業軍人になろう、と「腹をくくった」程度の意味合いだったのに対して、水兵さんの言う「覚悟」は、「ここに入ったら生きて帰れないんだよ」という意味だったのです。というのも、実はその二ヶ月前の一〇月、フィリピン海戦（レイテ沖海戦）で、日本海軍は「武蔵」「愛宕」「鳥海」「瑞鶴」ほか多数の主力艦船を失い、連合艦隊は事実上壊滅していたのです。しかも、試験日の前々日の一一月二九日には、巨大空母

「信濃」が潮岬沖で潜水艦により沈められていたのです。もちろん真相は一切報道されておりませんでしたから、そんなことを当時の私が知る由もありませんでした。

年が明けて一九四五年二月、合格通知が届きました。三月に私は明治中学二年を終了し、経理学校への入校を待っていましたが、そのころには、米軍機による本土空襲が激しくなっていて、東京は集中的に狙われました。

三月九日深夜から一〇日にかけて、東京大空襲がありました。この空襲の惨禍が語り継がれることとなったのは、わずか二時間あまりの空襲で死者およそ一〇万人、罹災家屋二七万戸ともいわれる被害の規模、墨田区・台東区・荒川区・江東区など下町の広範な木造住宅密集地を狙った焼《しょう》夷《い》弾《だん》爆撃だったからです。

江戸川区小岩にあった私の実家は幸いなことに被害を免れました。空襲の翌朝、通学のため中学校のある御茶ノ水に行こうとしても、総武線が不通だったので、歩いて総武線の新小岩・平井間の荒川鉄橋を渡って行きました。荒川の平井側の土手のところまでくると、焼け出されて避難してきた人たちがうずくまっていました。誰も彼も煤にまみれてうなだれ、茫然自失の態《てい》で身を寄せ合っている。黒焦げの丸太棒みたいなものが転がっています。最初は電柱かと思いましたが、近寄ってよく見ると焼死体です。戦争とはこんなに悲惨なものなんだと体で実感しました。だが、一ヶ月後には軍に入ることが決まっていた私は「俺は軍隊に入って、カタキを討つぞ」と思っていました。

靖国神社を参拝し、家を出る

三月二七日、私は海軍経理学校の予科に入校するため、家を出ました。普通なら近所の人たちが集まって見送ってくれるんですが、大空襲の後でしたし、出発は早朝なので、母がひとりで送り出してくれました。日の丸の小旗を手に、小さな声で「万歳」と言っていました。振り返って母の姿を見た時、「これでもうお別れだな」と思いました。

その前日には先祖の墓参りと靖国神社の参拝を済ませました。「十有五才にして海軍に入る。この日より、身命は君国に捧げたり」と書いた遺書を自分の「遺髪」とともに私の勉強机の抽き出しに納めました。

靖国神社は現在は一宗教法人ですが、当時は単なる宗教施設ではなく、馬に乗ったまま陸軍の指揮官が鳥居をくぐって行くことからもわかるように、陸海軍の管理下に置かれた軍事施設、軍人精神の教育施設でもありました。戦死した人の魂を強制的に招き入れて神様として祀《まつ》り、戦死は名誉なことであるとして、新たな「英霊の再生産」をいとなむ役割を果たしていたわけです。

四月三日、一四歳の私は経理学校予科に入校しました。それは軍人になったことを意味していました。いちばん若い海軍軍人です。

入校直後、四月一日に米軍が沖縄本島に上陸したと聞かされました。その時は、「次は本土だ」と思いました。米軍の進攻のスピードは思ったよりも速く、「今日の後方が、明日は前線になる」というくらい戦局はめまぐるしく変化しておりました。それでも、詳しい戦況も知らされていなかったので、まだ切迫感はありませんでした。一生の職業として軍人を選択したという感覚で、これから約二年間は教育・訓練を受けて、前線行きはその後のことだから、という気分がありました。

海軍経理学校は、「学校らしさ」があるのは学科の授業時間中だけで、あとの日常生活は起床から就寝に至るまで「軍隊」そのものです。六〇分授業で午前四時間、午後二時間、学科目は英語・数学・物理・化学が中心でした。特徴的なのは「軍事学」という授業で、海軍の組織・編成・指揮命令系統といった「軍制」を学ぶのです。ここで学んだことが、戦後、私が自衛隊について研究するようになってから大いに役立ちました。

「軍制」の講義を担当されていた教官は小笠原正義という主計少佐でした。経理学校三三期で、私が三九期ですから一六期先輩です。経理学校をトップで出て東大法学部に国内留学した経歴をもつエリートでした。

小笠原教官の授業で大日本帝国憲法の話を聞きました。「憲法」という言葉に初めて接したのはこの時です。しかし、その講義の骨子は、天皇は軍隊の統帥権《とうすいけん》をもつ軍の最高指揮官である、天皇は絶対・不可侵の存在である、と。それに尽きるものでした。憲法とはそういうことをきめたものなのだということです。条文でいいますと、第一条「大日本帝国ハ万世一系ノ天皇之ヲ統治ス」、第三条「天皇ハ神聖ニシテ侵スヘカラス」、第一一条「天皇ハ陸海軍ヲ統帥ス」、第一二条「天皇ハ陸海軍ノ編成及常備兵額ヲ定ム」です。「統帥」というのは、陸海軍全体を指揮・統率することで、第一一条はその権限は天皇にあると言っている。この「統帥」の範囲についての理解が日本軍、ひいては日本国にとって重大な意味をもっていました。

少し立ち入った話になりますが、海軍と関わる例でいいますと戦前、一九三〇年代、「対米七割論」という考え方がありました。つまり、巡洋艦の常備排水量（船を水面に浮かべたときに押しのけられる水の量。船の規模を表す指標）の総トン数で米国の七割の海軍力があれば日本は米国に勝てる、七割ないと負けるということで、それが日本を軍備拡大、対米戦争に導いた兵学上の理論でした。しかもこの対米七割論というのは「統帥権独立論」と結びついていました。「統帥権独立論」とは、七割必要か六割九分でいいかといった統帥に関わる事柄は、天皇の統帥大権を実際に補佐し、執行する統帥部、つまり陸軍の参謀総長、海軍の軍令部総長など「軍令」の系統が決めるべきことであって、内閣も議会も全く関与できないとする考え方のことです。

しかも、内閣の一員である海軍大臣など海軍省の「軍政」の系統も口出しすることではないという理屈です。それは当時の海軍の対米強硬派とこれに同調する陸軍主流の主張でした。五・一五事件で犬養毅《いぬかいつよし》首相が海軍の青年将校に殺害されたのも、二・二六事件で高橋是清《たかはしこれきよ》蔵相が陸軍の青年将校に殺害されたのも、軍縮をやろうとしたことが関係しています。「国賊」とみなされたわけです。

いまにして思えば、「軍制」の授業で統帥権を講じていた小笠原教官自身は、そうした考え方に内心、疑問をもっていたのではないかと思われます。でも、はっきり講義で批判することはできなかった。だから、そのあたりの説明は何度聞いてもわかりませんでした。

小笠原教官の授業についてはほかにも記憶に残っていることがあります。あるとき「デカンショって知ってるかね」と言うんです。誰かが手を挙げて、「デカルト、カント、ショーペンハウエルです」と答えました。するとこんどは「お前たちの中で、将来世界に戦争がなくなると思う者は手を挙げよ」。五〇人くらいの教室でしたが、誰も挙げません。手を挙げて怒られるのが嫌だからではありません。戦争がなくなるなんてありえない、考えられないからです。戦争と軍隊のない世界なんて考えたこともない。生徒は顔を見合わせているだけなんです。

私たちは戦争というものには世界を変えるプラスの面があるというような社会の雰囲気の中にいました。その文脈で、軍隊は日本の国威発揚に貢献するきわめて重要な任務を負うのだという意識で教育されている。だから誰も手を挙げないわけです。するとと、小笠原教官は「みんなは戦争に行きたくて海軍に入ったのだろうが、実はドイツのカント先生は戦争も軍隊もなくなる、そういう世の中がくる、と書いてるんだよ」。

一九四五年の五月ごろの授業でそんな話をした。同盟国イタリアはもうすでに降伏し、同盟国ドイツもヒトラーが自殺して降伏し、日独伊三国で残っているのは日本だけになったことを私たちも知っていました。沖縄戦では首里の防衛線が突破され軍が南部へ退却を始めた時期でもありました。しかも「本土決戦」間近の情勢でしたから、なぜいまエリート教官がこんなことを言うのか、理解できませんでした。

後になってわかったのですが、当時世界は、すでにサンフランシスコに数十ヶ国の代表が集まり、国際連合創立に向けた国連憲章の制定作業が大詰めの段階まで来ていたんですね。世界の大勢は戦争のない世界を目指して動き出していた。おそらく小笠原教官はそうした情報を新聞等の中立国経由の外電で知っていたのではないかと思います。

でも、その時の私たちは世界の大局的な動きをつかむような力は全くありませんでした。このことは後に私にとって大きな教訓になりました。戦後になってから、何事もまず世界の情勢からみていかなければならない、次にアジア、日本、そして自分の仕事のことへと降りていく、そういう発想が大事だと思うようになりました。それから本当のことを知りたい、知らなければならないというものすごい知識欲にもつながったと思います。

「大和」沈没、陸戦訓練と戸惑い

経理学校の講義では、ときどき夜の「精神訓話」で教官から実戦の体験談を聞きました。ここで初めて、パールハーバー、ミッドウェー、ガダルカナル、サイパン、フィリピン（レイテ沖）等々の海戦についての真相、とくにミッドウェー以降の惨敗に次ぐ惨敗の真相が国民には隠されていることを知るわけです。

経理学校に入校して四日後の四月七日、当時世界最大の戦艦「大和」が沈められます。それを知ったのは朝六時のラジオニュースの校内放送でした。四月一日には沖縄本島に米軍が上陸しています。沖縄は米軍の日本本土侵攻に対する「防波堤」、破られたら後がない最後の防波堤とみなされておりました。海軍は戦艦「大和」、巡洋艦「矢矧《やはぎ》」と八隻の駆逐艦からなる艦隊を沖縄に向かわせたのですが、九州南方の坊ノ岬沖で米空母の艦載機による激しい攻撃にさらされ、結局沖縄にたどり着くことさえできずに、最後の水上部隊は壊滅してしまったのです。

「大和」沈没の報を聞いたころ、教官から言われました。

「お前らの乗るような軍艦は全部なくなったぞ。残っているのは小型の駆逐艦とか、沿岸を動き回る海防艦くらいのものだ。ことによると、お前ら特攻隊要員になるかもしれんぞ」

実際、六月に入りますと沖縄の戦況をふまえて、陸戦の訓練がひんぱんになるのです。上陸してきた敵戦車を迎え撃つための訓練です。銃で撃ったり突撃したりする訓練のほか、「対戦車肉薄攻撃訓練」も加わりました。棒の先に付けた地雷を持って敵の戦車の下めがけて突撃し、キャタピラの直前に棒地雷を投げ込んで速やかに退避する。実際には退避なんてできっこないんですから、自爆攻撃の訓練なんです。

その手順を手帳にメモしたものをここに持っています。読んでみますと「来たぞＭ４。動くな肉攻。好機をつかんで、飛び出せ壕を」。壕というのは身を隠している塹壕のことです。経理学校には戦車がありませんから、食糧運搬用のトラックとか、リヤカーを戦車に見立ててやる。「Ｍ４」というのは米軍の「Ｍ４中戦車」のことですが、私たちは実物を見たことがありません。写真を見せられたこともなかったんです。戦後になってから、皇居前で行われた米軍の軍事パレードで初めて「Ｍ４」の実物を目の当たりにしまして、こんなに背が高くデカいのかと仰天したものでした。

わら人形を使った銃剣術の訓練もありました。走り高跳び方式で走っていって飛び上がり、勢いをつけて一気にわら人形の心臓部に銃剣を突き刺し、抉るように抜くという訓練です。指導してくれたのは南方戦線の実戦から帰ってきた准士官（兵曹長）で、シンガポールなどではこの訓練を、生身の捕虜を相手に行ったというんです。確実に心臓を突けと言われました。誤って手や足を突いてしまうと苦痛で泣き叫ぶから、一発で心臓をやれ、と。その話を聞いたときはショックでした。縛られて動けない無抵抗の捕虜にそんなことをやるのか、それを海軍がやるのか。残酷なことだと思いました。

いずれ自分もそんなことを命ぜられることがあるのだろうか。命ぜられたら自分にやれるだろうか。やらなければ命令に背くことになるから、軍法会議ものだ。あるいは、自分は部下に「やれ」と命ずることができるだろうか。そのときになってみないとわからない。――そんな自問が頭の中に繰り返し湧いてきました。そういう局面がやってこないことを念じながら、答えが出ないまま終戦を迎えたのでした。

軍人の特権意識

経理学校の予科は、橿原の畝傍《うねび》中学校（現在の県立畝傍高校）の校舎、運動場施設を奈良県から賃借して、海軍が使用することになったのですが、畝傍中学校の生徒さんにしてみれば、突然、自分たちの校舎に入れなくなったわけです。入校してまもないころ、われわれ経理学校の生徒が隊列を組んで歩いていると、畝傍中学校の生徒さんたちがみんなこちらをじっと見ている。ほぼ同じ年頃ですしね、彼らの視線に、怒りのような感情、あるいはそこまでではないにしてもなんとも割り切れない反感のようなものを感じました。

天皇の軍隊、大日本帝国の軍隊である日本の陸・海軍には地域住民を守るという任務はありませんでした。そういう意識も全くありませんでした。地域住民を守るのは警察とか消防署とか消防団の役目である、と。その地域で暮らす人々への配慮も欠いておりました。

経理学校が開設されて以降、毎朝大きな声で号令演習が行われたり、生徒が隊列を組んで町内を駆け足で走ったりするものですから、いままでの平穏な雰囲気が変わってしまい、地域の住民から苦情が出るようになったらしいのです。しかし海軍当局は憲兵隊に通報し、苦情を出した人を取り締まるというようなこともありました。憲兵隊は軍の警察です。経理学校では外出時の注意としてこう指導されていました。「警察官にとがめられても、それに従う必要はない。ただし、憲兵には逆らってはならない」。

当時の総理、鈴木貫太郎《すずきかんたろう》さんが橿原神宮に参拝に来た時のこと。総理は組閣をしますと、その報告のために伊勢神宮と橿原神宮に参拝することになっておりました。橿原神宮付近の公道上で、われわれ生徒隊の隊列が首相の車列とすれ違ったんですが、その時私たちを引率していた教官は、敬礼しないどころか立ち止まりもしないんです。生徒たちもそのまま行進です。教官は主計大尉で、相手は現役の首相、しかも予備役とはいえ海軍大将です。これはちょっとびっくりしました。

戦争末期、「死ぬ時」を意識する

七月になりますと、サイパンから飛んできた米軍B29爆撃機による本土各都市への爆撃が急増し、私たちの学校付近の上空も頻繁に敵機が通過していくようになりました。橿原は大阪や神戸方面への通り道だったのです。

七月二六日に「ポツダム宣言」が出されたころからは、日本近海にいる米空母艦載機だけでなく、硫黄島の米軍基地からも直接戦闘機が飛んでくるようになります。本土の制空権を完全に手中に収めた米軍は、日本のどこであれ、思うがままに爆撃銃撃できるようになっていたんですね。

古代史跡の豊かな飛鳥地域、橿原にも米軍の戦闘機が飛んで来るようになりました。ところが、経理学校には、迎え撃つための高角砲や高角機関銃はありません。米軍機が校舎に向かってぐんぐん直進してくるのに応戦できないのです。校舎の正面に皇室のシンボル、菊の紋章があったのですが、米軍機は機関銃でその紋章の周りを円形ミシン目状に撃ち抜いていくというようなことをするんです。反撃されないことを心得ていて、こちらを完全になめきっているわけです。それを目の当たりにしたわれわれ生徒たちは悔しいと思いながらも、内心では見事な射撃の腕前だと感心していました。

やはりそのころのことでしたが、いよいよ戦争末期だなと思ったのは、トイレでしゃがんでいたら、外で甲板士官（艦船、部隊内の規律の取締りにあたる士官）が水兵さんや軍属さんたちに大声で訓示をしているのが聞こえてきたのです。

「彼ら生徒をいかに立派に死なせてやるか、それがわれわれの任務だ」

それを聞いた時に、「いよいよ死ぬ時が来たんだ」と思いました。死ぬのは二年くらい先の卒業後のことと思っていたので、「意外に早かったな」とも思いました。

ほぼ同じころ、小笠原教官は、上級機関に対して「学校には銃も足りないし、生徒たちの訓練のレベルをみても、戦闘参加の機が熟しているとは言いがたい。彼らは戦闘現場ではなく、後方の司令部勤務などに回したらどうか」と提案したことがあったそうです。しかし、それに対する先方の返答は「そのようなことは考慮にない。生徒は中央の命令あり次第、陸戦要員として死地に投ず」だったと。のちに小笠原教官ご本人からうかがった話です。

入校して以来、私は約二年後に卒業したらただちに戦場に送られるものと思っていました。そうなれば、自分は遅かれ早かれ戦場で死ぬことになるだろう。自ら志願して軍人の道を選んだ以上、後悔したこともなければ、学校から逃げ出したいと思ったこともありませんでした。

しかし、この時、甲板士官の訓示を耳にして、そんなノンビリしたものではない、ほどなく侵攻してくる米軍との地上戦に参加することになるのだ、と思うようになりました。問題はその

「死に方」です。できることなら砲弾か爆弾か銃弾を受けて死にたい。それがいちばん苦痛が少ないだろうからと考えたものです。それでも、軽傷ぐらい防げるような「防弾着」とか「救急救命具」のような装備が一切ないが、これで戦えというのだろうかと思いました。

そのころ、世界にはスウェーデンとかスイスとかポルトガルといった中立国があり、私たちはそうした国から入ってくる外電で独ソ戦などの報道に接していたのですが、中立国では空襲もなければ、戦争で人が死ぬこともないんだなあ、と思いましたね。戦争と縁のない国があること自体、不思議な気がしたものです。

七月二六日に「ポツダム宣言」が出されます。当時は詳細が報道されませんでしたが、米国・英国・中国（のちにソ連も参加）の首脳による共同宣言で、日本に対して武装解除、連合国による領土の占領、民主主義復活に対する障害の除去、戦争犯罪人の処罰などを求め、それらが容れられない場合は最大限の破壊をもって応じるという内容でした。最後通告ですね。それに対し、鈴木貫太郎首相は「黙殺する」旨表明します。ポツダム宣言の内容が大日本帝国にとって問題だったのは、国民や兵士の生命のことではなく、天皇の地位がどうなるか、「国体護持」が確保されるのかがわからなかったことでした。その結果、ポツダム宣言が出されてから八月一四日に日本が受諾を決定するまで一九日間も要することになったわけです。もし日本が速やかに受諾していれば広島と長崎への原爆投下は避けられたでしょう。また、八月九日にはソ連が日本に宣戦布告し、満州に侵攻してきましたし、八月一四日その日まで、全国の大中小の都市が、空襲と艦砲射撃にさらされ続けておりました。

天皇のために死んでたまるか――葛藤と内省

原爆が使用された直後、私たちには「新型爆弾」としか伝えられませんでした。新聞は、新型爆弾から身を守るために白っぽい衣類の着用を訴えていました。経理学校では、新型爆弾の被害調査団に参加した化学の教官から、今後、ふだん着ているカーキ色のシャツではなく白いシャツを着用し、異常があったら身を低くして地面に伏せよ、という指導があっただけでした。

私は自ら職業軍人になることを決め、「覚悟」のうえで入校してきたつもりでしたが、このころになると気持ちが揺らぎ始めました。

天皇は「神」ではないと思いながらも、海軍に入ってからは陸海軍の統帥権者、「朕《ちん》は汝等軍人の大元帥なるぞ」と軍人勅諭の前文にあるように、われわれの最高指揮官であるという認識で天皇が身近になり、天皇は人間だが、「一番エライ人だ、われわれの最高指揮官だ、その命令は絶対なのだ」、そう思うようになっていたのです。

ところが、この時思い出されたのは、新聞で見た首を曲げて立っている青白くひ弱な「大元帥」の姿でした。この人のために、この指揮官のために死ねるか。天皇のために死ぬことについて、初めて気持ちが揺らぎ始めたのです。

自ら望んで職業軍人となる道を選んだのだが、いったい誰のために戦闘し、何のために死ぬのか？　死んだらどうなるのか？……天皇のため？　天皇のために戦闘し、死ぬのか？納得できない。天皇は神様ではない。なぜそんな人間のために死ぬのか？……国のため、国家のために死ぬのか？　しかし国家とはなんだ？　その正体がわからない。そのために自分の命を捨てたくない。……親のために死ぬのか？　親は大人だ。自分で生きていけるはずだ。親に代わって子が命を捨てることはない。……あとに残るのは、消去法で考えると、弟、妹、その仲間の子どもたちのために戦って死ぬ？　それなら少しわかる。かれらは幼くて自分で生きるすべがない。彼らのために死ぬというなら仕方ないか。

こんな自問自答に明確な答えが出ようはずもありません。もちろん、口外することもできません。そこから先は思考停止です。実際に戦地で生死の境をくぐりぬけた人からみれば、今さらそんな甘っちょろいことを、ということになるのでしょうが、いまは命ぜられたまま動くしかないと考えることでぎりぎり踏みとどまっておりました。ホームシックになり、同期の生徒といままで話さなかったお互いの故郷のことや母校のこと、両親のことなどをしみじみと語り合ったりするようになりました。士気の沮喪が始まっていたのです。

日本帝国の軍隊とは、国家とその元首たる天皇を守る最も重要・不可欠な組織であり、軍人とくに職業軍人は、最も名誉ある職分を授かっているのだという、それまで私が抱いていた軍隊・軍人観も揺らいできました。

それでも、なぜ軍人になろうと思ったのか、などということまでを同期の仲間と語り合うことはありませんでした。日々の訓練や体育や学術の日課に追われていたし、本土決戦が近づいている状況があり、日々の精神教育によって、軍隊への疑問などを口にできるような雰囲気ではなかったのです。

軍隊は隊伍を組み、威風堂々と行進しているときは恐いものがありません。その一員であることからくる高揚感すらあります。しかし、実戦で指揮官が戦死し、指揮系統が失われ、部隊が崩壊してしまったとき、ひとりひとりがばらばらになってしまったときには、実に弱いものなのです。

もう死ななくていいんだ

八月一五日、当直士官から、正午に天皇のラジオ放送があるから玄関前に集まれ、と指示されます。

正午、集合してラジオから流れる天皇の声を聴きますが、雑音がひどくて聴き取りにくいうえ、そもそも語っている内容がよくわからない。「朕は帝国政府をして四国に対し其《そ》の共同宣言を受諾する旨通告せしめたり」。四ヶ国の「共同宣言」というのはこのとき初めて聞かされたわけです。戦況に関する正確な情報は報道されておりませんでしたし、そもそも日本が降伏するなどということ自体、考えられなかったのです。ソ連の参戦とか「新型爆弾」のことは聞いておりましたから、こういう大変な局面ゆえ、みな一層頑張れと、軍隊と国民を鼓舞し激励する放送だと思っていたくらいなのです。しかし文理大（いまの筑波大学）の学生から学徒動員で海軍に入った西洋史教官（少尉）だけは放送の内容をすぐ理解したらしく、顔面蒼白になっていました。

その日、夜になるまでに少しずつ情報が入ってきて、戦争が終わったことを知りました。教官から阿南惟幾《あなみこれちか》陸軍大臣が割腹自決したことを聞きました。日本が降伏したことは本当なんだと言われました。

日本の降伏が事実だと確認できた時、無念に思う気持ちとともに、「これでもう死ななくてもいいんだ」と、安堵感がしだいに全身に広がっていったのをいまも憶えております。本土決戦もないいんだ。棒地雷を手に戦車に突っ込まなくてもいいんだ、と。最初は無念と安堵が交錯していましたが、徐々に安堵のほうが大きくなりましたね。

その夜、同室のおよそ五〇人のうち半分くらいが残念だと言って泣いておりました。私はもう安堵の気持ちが勝っておりましたから、泣きませんでした。

翌日からは早くも学校の撤収作業が始まりました。秘密文書をはじめとする書類の焼却、被服や備品など残す物と持って帰る物の仕分けと梱包、そして学校を完全に原状に戻して畝傍中学校に返すための大掃除。作業は整然と進みました。戦争に負けるというのはこういうことなんだ、戦争に負けたときは、こういうふうに武装解除の具体的な作業が進められるんだな、と思いましたね。

八月二一日には閉校式が行われ、校長（主計中将）の訓示がありました。訓示を読み上げたうえで、校長はアドリブでこんなことを言うんです。「なあに、アメリカに占領されたって、彼らは一〇年もすれば帰っていくよ。それまで我慢して、一斉に起ちあがるんだ」。それを聞いた時には「エライ人はこんなことを考えているのか。だけど俺はもうこんな戦争はご免だな」と思いましたね。でも、もし海軍が復活したら、また呼び出されるのかな、という懸念も頭をよぎりました。

ついでながら、終戦後の占領は連合国によるものでしたが、米国軍人D・マッカーサー元帥が連合国軍最高司令官に任命され、占領政策は事実上米国が単独で実施することになりました。一九五二年四月二八日、日本と連合諸国とのサンフランシスコ講和条約の発効とともに、足かけ七年に及んだ占領状態は本土に関していえば、法的には終了しました。しかし、沖縄は講和条約で本土から切り離され、その後、沖縄県民は、祖国復帰運動を闘い抜きます。

話を戻しますと、閉校式は「君が代」を斉唱して終わりました。私が人生で「君が代」を歌ったのはこの時が最後となりました。そして翌二二日、すべてを終えた生徒たちは、海軍経理学校生徒の身分のまま休暇名目でそれぞれの故郷に散っていきました。

私が畝傍駅から国鉄の列車で奈良、京都と乗り継いで、東京駅に着いたのは翌日の午後でした。そのまま御茶ノ水駅経由で小岩の実家に帰り着きました。京都からの車中はときどき水筒の水を飲み、乾パンをかじりながら満員の列車のデッキに二六時間立ち通しでしたが、途中、東海道線の根府川《ねぶかわ》の近くで列車が一時停止していた時に海が見えたんです。紺碧の海は穏やかで美しくて、「ああ、もう死ななくていいんだ」という実感がこみあげてきた。その時の感慨は、いまでも昨日のことのように思い出されますね。

九月中旬に、海軍省教育局から、米内光政《よないみつまさ》海軍大臣の名で「生徒への別離の辞」が送られてきました。「軍備無き皇国の修固《しゅうこ》」のため、「新しい進路へ出発せよ」という骨子でした。今後の日本は軍備のない道を歩む、諸君はこれまで剣を持って道を立ててきたが、これからはそれぞれ自分に向いた進路を歩んで日本を再建せよ。そんな内容でした。大臣が軍備のない国を造れと言っている、当面は海軍復活がないんだな、それなら自分のこれからの進路についてきちんと考えよう。自ら志願した進路がこれで断たれたということで気持ちが割り切れました。なお、米内海軍大臣は海軍大将で、日独伊三国同盟には反対しましたが、日中戦争を推し進めた人物でした。三七年の林銑十郎《はやしせんじゅうろう》内閣から四五年の幣原喜重郎《しではらきじゅうろう》内閣までの間に七つの内閣で海軍大臣を務め、四〇年には首相の座に就きながらも、三国同盟に反対で陸軍が協力せず、総辞職したという経歴があります。

それから、海軍大臣名義で、一〇月一日付けの辞令を受け取りました。海軍経理学校生徒を差免する（天皇の任命を免除する）という内容ですね。手続のため、東京の目黒の海軍大学校に印鑑を持参して出頭せよとの通知があったので、出かけて行きました。そこですれ違った大佐がガックリと憔悴しきった様子だったのを憶えています。私は一〇月から明治中学に復学しました。

世界情勢に目を転じますと、そのころ、国際連合憲章が発効しております。国際連盟に代わって国際連合が設立されることになったわけです。国際連合憲章は、終戦に先立つ四月下旬から六月下旬にかけて、将来の国際的な平和の枠組みをつくるために、サンフランシスコで開催されていた「国際機構に関する連合国会議」でつくられたものでした。

終戦工作と「国体護持」

ところで、終戦の後、多くの日本国民も軍人も、終戦は天皇の決断で実現したと思い込まされておりました。しかし戦争末期、大日本帝国の支配層の動きはどうだったか。米内光政海軍大臣、岡田啓介《おかだけいすけ》大将、高木惣吉《たかぎそうきち》少将ら海軍関係者と財閥関係者が中心となって、近衛文麿《このえふみまろ》、木戸幸一《きどこういち》ら天皇側近を動かし、終戦工作に動いていました。対内的には、ポツダム宣言受諾に向けた多数派工作が不可欠でした。あくまで徹底抗戦・本土決戦を主張し、クーデターまで画策していたといわれる陸軍強硬派を抑えるのは並大抵のことではありませんでした。

対外的な終戦工作においては、日本側が決して譲ることのできない絶対条件がありました。「国体護持」、すなわち天皇制存続、天皇・皇族の生命保障という条件であります。これが容れられないかぎりポツダム宣言を受諾することはできない。この点において日本側は一致していました。

それから、終戦に続いて連合軍によって行われる戦争犯罪の訴追についての工作も進められました。主に東条英機《とうじょうひでき》をはじめとする陸軍の指導部に極刑が科される方向にもっていくための工作でした。

終戦後の極東国際軍事裁判（東京裁判）において連合国は、満州事変以降の対中国侵略、対ソ連戦争、対米英戦争の準備・計画・実行という点を中心にして作った訴因に基づいて審理を行い、東条英機元首相、陸軍の将官六人、広田弘毅《ひろたこうき》元首相の計七人に対する絞首刑を執行しました。つまり、海軍関係者は死刑を免れているのです。これはこの裁判の責任追及の不徹底と言われても仕方がないところです。のちほど述べる昭和天皇の責任追及についてもいえることですが、日本国民自身による審判がなく、連合国に事実上「お任せ」してしまったのは大きな問題でした。

ポツダム宣言受諾の前後、政府はマスコミを通じて、国民に国体護持が今後の最大の課題であると強調しておりました。国民を納得させるうえでも、国体護持は欠かせない条件であったのです。では「国体」とは何なのか。

終戦に至るまで、「国体」とは、統治権の総攬者たる万世一系の天皇と一体化した日本だけのすぐれた国柄、といった意味を付与されておりました。江戸時代の水戸学や国学で日本の民族的な優位性を意味する観念として用いられたのが起源といわれます。明治維新の時に、武力、陰謀、詭計、テロによって幕府を打倒し、戊辰戦争で勝利した薩摩藩・長州藩の藩士らを中心として誕生した新政府は、王政復古と新藩閥政権の正統性を証明するための理念として「皇国史観」を使いました。大日本帝国は神様が創った国であり、万世一系の系譜に連なる天皇は神の子孫であるという神話史観・皇国史観に基づき、神の子孫たる天皇が統《す》べる国の国柄、他国に優れた国柄そのものを「国体」と呼んだのでした。

この「国体」の考え方が明治以来約七八年間にわたって学校教育で子どもたちに教え込まれ、国民道徳として社会全体に徹底されておりました。そして、それに異を唱えたり批判したりする思想は治安維持法で弾圧され、特高警察や憲兵による取り締まりの対象となりました。このように、「国体」の考え方に反していないかということが、当時の日本人に条件反射的に自らの発言や行動をチェックする基準として作用することになりました。

ところで、ポツダム宣言受諾に際しての「国体護持」は、当時の支配層のみならず国民にとっても、天皇を戦犯にしてはならないということでもありました。日本の権力者の中で天皇だけは「神聖にして侵すべからず」だったのです。大日本帝国憲法三条の「天皇ハ神聖ニシテ侵スヘカラス」という文言は「君主無答責《くんじゅむとうせき》」、つまり君主は自分の言動について法的にも政治的にも責任を負わされることはない、という立憲君主制の一般原則を語っているにすぎないという見方もあります。しかし、日本帝国の権力者の押しつけの結果、当時のほとんどの日本人にとって、「神聖ニシテ侵スヘカラス」とは単にそうした意味での「君主無答責」におさまるものではありませんでした。天皇はまさに「神聖」で触れてはならない存在、「雲の上」の存在でありました。だから、「国体護持」はポツダム宣言受諾にあたっての絶対的な条件たりえたのです。

さて、若い方々はどう感じるのでしょうか。こんな天皇像は理解を超えたことでしょうか。この「国体護持」の思想、あるいはそれにつながるような考え方は、もう絶滅していると言い切れるでしょうか？　私はいまも残存していると思います。これを復活し利用しようとする勢力の動きは、厳しく監視しなくてはなりません。

昭和天皇の「人間宣言」

終戦の翌年、一九四六年の新年の年頭に、天皇が詔書を出しました。「人間宣言」として知られる詔書です。詔書の前半は明治天皇の「五箇条の御誓文」をなぞっています。GHQが作成した原案に当時の幣原喜重郎首相ら日本側関係者が手を入れ、さらに天皇の意向で「五箇条の御誓文」が加えられました。官報だけでなく新聞にも掲載されましたので、私も当時「見出し」だけは見ましたが、中身は読みませんでした。

前年の一九四五年一二月にGHQは国家神道の廃止を命じた「神道指令」を出しております。国家神道は、天皇は神様の子孫であり、他国の元首よりも優れているという考え方で日本国民を欺瞞し、侵略戦争に駆り立てた。そういう思想を国家が優遇し奨励することは許されない、という趣旨の指令です。「人間宣言」はその流れに沿うものともいわれますが、むしろ昭和天皇を戦犯追及から外すために出された詔書でした。

「人間宣言」を新聞で目にした時、私は「天皇は人間？　当たり前じゃないか」と思っていたので、読む気も起きませんでした。当時は大変な食糧難でしたから、それよりも毎日の食料調達で必死でした。

「人間宣言」の後、二月になると、神奈川県の川崎を手始めに天皇の全国行脚が始まりました。地方巡幸です。国民と直に接したいという天皇自身の希望で始まったものだそうで、各地で国民の歓迎を受けたと報じられましたが、私は四五年の暮れのころまでに天皇について考え方が急に変化してきていて、「東条英機だけじゃなく、昭和天皇も極刑になっても当然だ」と思うようになっておりました。

天皇と天皇制について

最近のことですが、若い人から、天皇も人間であるなら、「個人としての天皇」を天皇制という制度から解放してあげるべきとは思わなかったのか、そういう世論は当時なかったのかと訊かれたことがありました。

当時そのような感情をもった人が皆無だったとはいえないでしょうね。しかし、私は当時もいまも、そういう感情は全くありません。私は軍人でしたから、陸海軍の大元帥であった昭和天皇には戦争の敗北について絶大な責任がある、そう思います。中国に対する侵略にしても米国との戦争にしても、昭和天皇が最終的な命令を下し、天皇を補佐する軍の統帥部、国務大臣、重臣といった側近と財閥が推進した戦争だった。その責任は、戦後主権者である日本国民自らが戦争犯罪審判機構のようなものを作って追及すべきだったのです。何年かかっても、昭和天皇を含め戦争責任を明らかにすべきだったのです。この解明は歴史的には、いまもまだ終わっておりません。日本に真の民主主義が根付いているかが問われる問題だと思います。

二〇一九年五月一日、新天皇が即位しました。一九八九年に昭和天皇の死去を承《う》けて前天皇（現上皇）が即位して以来、皇室と国民との距離が縮まったと感じている日本人は少なくありません。しかし、天皇制そのものについてしっかり議論しようという機運が盛り上がったとはいえません。

前天皇が二〇一六年八月に国民に向けたビデオメッセージで退位に言及すると、政府は二〇一九年五月一日の新天皇即位に向けて大々的な儀式と奉祝イベントの準備に取りかかりました。天皇を国民の団結と和合の象徴とし、世界に向けて「日本」を発信しようという一大プロジェクトだったわけです。そしてその華やいだ雰囲気を改憲強行の動きへと巧みにつなげていこうとするシナリオが見え隠れしておりました。

戦後七十数年が経ち、日本国憲法下で天皇問題は主権・権力の問題としてはもはや最重要の課題ではなくなったと思います。しかし、天皇を政治的に利用しようとする勢力は常に存在しています。たとえば、二〇一二年に公表された自民党の改憲草案。そこでは天皇を「元首」と明記している。日本の支配層には明治以来の「皇国史観」復活を夢見る勢力が残存しているのです。油断はできません。

日本は一八九五年に台湾を、一九一〇年に朝鮮を植民地化しましたが、その根源には、皇国史観、神話史観がありました。日本の植民地政策は、征服者として、次のさらなる侵略戦争の拡大を念頭に置いて進められました。資源の搾取、軍事基地化、「従軍慰安婦」(性奴隷)、強制連行等々、もっぱら財閥、大企業、政治家、高級軍人、高級官僚のために進められた政策でありました。とりわけ朝鮮に対しては、その歴史、文化、言語を消滅させ、大日本帝国の一部として「同化」を図る一方で差別の対象としておりました。一九世紀の欧州諸国の植民地政策と見かけは違いますが、より過酷だったといえます。こうした一連の植民地政策の根源には、皇国史観があった。つまり、日本は神の国であり、朝鮮や中国より優れた民族なのだというアジア蔑視思想があったことは忘れてはなりません。

前天皇(現上皇)から後へと世代が移っていくなかで、現天皇も含むそれぞれの天皇の資質とその取り巻きにもよりますが、皇国史観の復活を望む勢力が常に浮上してくる。そのことをいささかなりとも軽視してはいけません。そうした勢力の終局目標は、天皇による靖国神社公式参拝、天皇による改正（改悪）憲法の公布、天皇の自衛隊式典への臨場などでしょう。ですから、天皇が政治的に利用される危険についての警戒を怠ってはなりません。憲法の条項の厳格な遵守が必要なのです。

戦争、それは人殺しである

戦争とは国家による「人殺し」です。これはごく単純な真実です。勝ち負けの問題ではありません。まるで無意味な仮定ですが、もし勝っていたら、あの戦争はやってよかったということになるのか？　そんなことはない。もう戦争はいけません。絶対にやってはいけません。戦争とは、私たちが教わったような格好のいいものでもなければ勇ましいものでもない。

終戦直後の虚脱状態から我に返ったとき、日本国民の多くがこう感じていました。「戦争はこりごりだ。軍隊なんか全くないほうがいい」。

当時、銭湯でも理髪店でも電車の中でも、軍隊から帰ってきた人たちが話しているのをよく耳にしたものでした。ビルマ（現ミャンマー）のジャングルでこんなことがあったとか、シンガポールで酷い目に遭ったとか、上官にいじめられたとか。そして異口同音に、戦争はこりごりだ、軍隊なんてないほうがいい、と言っている。これがまさに当時の国民の実感でした。だから憲法九条は共感を得たのです。

新しい憲法ができて九条を目にしたとき、私は安心感を抱いたものでした。海軍に身を置いた者として、「海軍が復活した。戻れ」と言われても、「憲法九条がありますから、お断りします」と言えることの安心感ですね。その一方で戸惑いもありました。全く軍備のない状態で、日本は大丈夫なのだろうか？ すでに米ソ対立の様相が顕在化しておりましたから、そんな国際情勢の中で、丸腰で白刃の下を歩くようなものなのではないかと。軍隊教育で染みついた発想が払拭できていなかったんですね。社会が生まれ変わっても、それまでに受けていた教育の力が強ければ強いほど、人間は一気には変わりません。一から勉強し直さなければ、と思いました。

終戦からしばらく経って、リュックをかついで食糧の買い出しに行かなくてはならないような状態が一段落しますと、私は、まず手始めに戦記、戦史、政治史の本を読みあさりました。司令官クラスの人が書いた戦記ものは読みやすかったのですが、こうしたエライ人たちの責任逃れという印象がありました。戦史については、後になってから読んだ岩波新書『太平洋海戦史』をはじめとする高木惣吉元海軍少将（さきほど終戦工作のところで名前が出てきました）の著書から多くを学びました。政治史は近衛文麿元首相の著書を読みました。書物を通じてみえてきたのは、あの戦争がどれほど無謀であったか、どれほど国民に対して真相が隠されていたか、ということでした。ただ、勉強を始めた時の私の主な関心は、なぜ戦争に負けたのかという点にありました。

敵国とくに米国の国力の情報収集をおろそかにしたから駄目だった、満州事変以降の陸軍の暴走を政府が許したのが間違いだった、そんな程度の認識だったんです。あの戦争の本質は侵略戦争だったということがわかるようになったのは、大学に入って学生運動に関わっていた友人たちの話を聞いて議論し、本を読むようになってからのことでした。

経理学校で小笠原教官が言っていたカントの『永遠の平和のために』も読みました。生硬な訳文の問題もあって難解でしたが、戦争のない世の中は、理想としてはわかる、現実的にも方法があるということもわかった、だが、それが成功するかはもっと生々しい困難な、政治の課題ではないだろうか。そんなことを考えました。

戦争する国

一九四五年まで続いた大日本帝国は、若者が戦場で殺し殺される国でした。特攻隊として数千人に及ぶ一七、八歳から二四、五歳の純真な若者を二五〇キロ爆弾と共に敵艦に体当たりさせるような国でした。なぜそんな国になってしまったのでしょうか。

一八六七年、薩長の藩閥勢力は武力で徳川幕府を倒しました。明治維新です。かれらは新たに天皇を君主とする国家をつくりあげ、自らの正統性を示すために、「皇国史観」を徹底的に使いました。天皇が国の元首であり、国民は「臣民」と位置づけられました。大日本帝国憲法の第二章は「臣民権利義務」で、その条文の主語は「日本臣民」でした。教育勅語には、「我が臣民よく忠によく孝に」をはじめ、「爾臣民《なんじ》」、「朕が忠良の臣民」といった表現が頻出しております。臣民というのは英語ではsubjectで、「家来」とか、支配される「民草」というような意味ですね。天皇との関係で国民の立場を端的に示した言葉でもありました。主権者としての意識とか、人間としての権利、自由な個人の尊厳などといった認識、自覚が入り込む余地はありませんでした。

明治政府は欧米の列強と伍していくために、強力な軍隊を育て戦争のできる国を目指す国づくりを推し進めました。「富国強兵」においては、軍隊の強大化こそが最大の国策だったわけです。試みに、明治期前半に政府が進めた重要な制度や勅諭・勅語、施策を年代順に並べてみます。


一八七三年（明治六年）、徴兵令を公布。

一八七八年（明治一一年）、参謀本部条例を発布。

一八七九年（明治一二年）、東京招魂社を靖国神社と改称。

一八八〇年（明治一三年）、刑法、治罪法（旧刑事訴訟法）を公布。

一八八二年（明治一五年）、軍人勅諭を発布。

一八八九年（明治二二年）、大日本帝国憲法を公布。天皇の先祖一二一人の墓を指定し、整備。

一八九〇年（明治二三年）、教育勅語を発布。民法、商法、民事訴訟法、刑事訴訟法を公布。

ここからわかるのは、明治政府は国家の基本法である憲法に先がけて、徴兵令、参謀本部条令という軍隊に関する制度を創設しているということです。

靖国神社もさきほどもふれたように、宗教施設ではなく軍事施設です。幕末から明治維新前後の動乱期の犠牲者を慰霊するために創建された東京招魂社を前身とし、それが一八七九年に靖国神社と改称されました。

軍人勅諭は正式には「陸海軍軍人に賜はりたる勅諭」といって、明治天皇が軍隊に「下賜《かし》」するというかたちで発布されました。「我国の軍隊は世々天皇の統率し給ふ所にぞある」に始まり、「朕は汝等軍人の大元帥なるぞ」、「死は鴻毛《こうもう》よりも軽しと覚悟せよ」といった言葉とともに、忠節、礼儀、武勇、信義、質素という五つの徳目を挙げ、さらに政治への関与を戒めています。

大日本帝国憲法は欽定憲法、つまり君主によって制定され国民（臣民）に押しつけられた憲法です。前文では天皇が先祖の神々に、憲法をつくりますと報告し、その許しを求めています。それから、憲法公布と同じ年に、天皇の先祖代々の墓が整備されたことになっていますが、考古学的に論証されていない場所を天皇の墓と指定したため、中には後に豪族の蘇我氏一族の墓であることがわかったものもあります。

教育勅語（「教育に関する勅語」）では、「いったん緩急あれば義勇公に奉じ、以て天壌無窮の皇運を扶翼《ふよく》すべし」という文言がこの勅語の中核です。

近代日本はこうして制度的・精神的環境を整えたうえで日清戦争（一八九四〜九五年）、日露戦争（一九〇四〜〇五年）という二つの戦争に乗り出し、第一次世界大戦を経て、満州、アジア、太平洋へと連なる侵略戦争拡大の道をひた走ることになったのです。

なぜ、若者が殺し殺されるような国になってしまったのかということを、私たちは一五〇年余の歴史から学び取らなければなりません。その反省を、現代に生きる私たちは政治家を選ぶ時に活かさなければならないと思います。

大日本帝国といまの日本の最大の違いは何でしょうか？　それは「個人の尊厳」「生命」についての考え方、評価だと私は思います。これこそが戦前と戦後の分岐点であり、戦争をする国としない国とを分ける決定的な分水嶺です。

国家の基本法たる憲法は、大日本帝国においては軍人勅諭と教育勅語の次にくるものと位置づけられておりました。そして軍人勅諭と教育勅語に出てくる言葉から、戦闘命令に絶対服従する軍人、その供給源としての若者、国民を無数につくり上げるということ、大日本帝国とはそれを最優先の国策とする国家だったことがわかるのです。

これに対して、いまの日本国憲法一三条は、「すべて国民は、個人として尊重される」としたうえで、「生命・自由・幸福追求の権利は国政上最大の尊重が必要」であると言っているのです。

そして、憲法全体で、日本が戦争ができない仕組みを定めているのです。
私は、生まれた時から日本国憲法の下で生きてきた人々を、うらやましく思います。

変化していった戦時の市民生活

終戦までの日本は、マスコミに対する統制や弾圧、教育における「皇国史観」の徹底が図られ、太平洋戦争が始まるころには国家総動員体制が確立しておりました。終戦直前は、本土決戦に備え、「一億総特攻」が叫ばれました。それは、国家社会全体による全国民のマインド・コントロールの帰結だったといえましょう。当時の日本は、まぎれもなく「戦争する国」の極致であったと私は思います。

では、当時の庶民はどんな日常生活を送っていたのかといいますと、少なくとも一九三七年に日中全面戦争開始に至るまでの市民生活は比較的平穏だったのです。

冒頭で後楽園球場の巨人戦を観戦した時のことをお話ししましたが、日本にプロ野球（当時は「職業野球」）が誕生したのは一九三六年でした。陸軍のクーデター、二・二六事件のあった年です。

一九三六年、当時、私の実家は約一年間、東京の池袋で果物屋を営んでいた時期がありました。その隣にはカフェがあって、いつも繁盛していました。

日活映画『うちの女房にゃ髭がある』（千葉泰樹監督）の主題歌と一緒に発売された美ち奴《みやっこ》という歌手の歌う「あ、それなのに」（星野貞志作詞、古賀政男作曲）という歌謡曲も憶えております。映画も庶民の代表的な娯楽で、多くの内外の映画が公開されておりました。そうした市民生活の平穏な雰囲気が、一九三七年の日中全面戦争を境に次第に変わっていったのです。

日中戦争の長期化で戦地への動員が進むにつれ、国内でも庶民の生活に影響が出始めます。まず甘いものが手に入らなくなり、やがて生活全般に物資の不足が生じるようになりました。物心両面の統制・軍国主義化が深まりつつあったのです。

一九四一年、太平洋戦争が始まるとその傾向はさらに進み、とくに一九四三年以降、戦況が急速に悪化してきますと、国民生活に必要な物資は「欠乏」状態に陥りました。

国内の言論や情報の統制も一段と厳しくなり、世の中のあらゆる面で戦争協力が求められました。一九四四年に入ると、「敵性スポーツ」であるとして、プロ野球も一切の試合が中止されました。それに先だって、野球で用いる「ストライク」「アウト」などの英語までもが「敵性語」とされ使えなくなっておりました。

おわりに――私の戦争責任

最後にぜひともふれておきたいことがあります。私自身の戦争責任に関わることであります。私は軍人になることを自ら志願し、一生の職業としてその世界に入ろうとした。そのような人間にはやはり責任がある。あの戦争、あの時代に対して責任がある、と私は思うのです。

海軍経理学校生徒は、たしかに年齢でいえば子どもですが、海軍の中での身分・階級は軽くありません。士官や准士官の「下級」だけれど、下士官の「上級」にいる。これはとても重いことなのです。外出すれば、一般の兵隊さんから敬礼を受ける立場にあるわけで、当時の日本を支配していた権力機構、戦争の推進権力の末端にいたことになる。約半年とはいえそういう立場にあった者を、徴兵や召集令状（赤紙）や学徒の動員で心ならずも軍隊に入った人たちと同列に語ることはできません。

そんなふうに考えるようになったのは実は二〇〇〇年代になってからのことでした。それ以前も、若い人たちに自分の体験や考えをしばしば話しておりました。ただ、その一方で、かつて自分が誤った方向に向かったのは、「そういう時代」だったからだという思いがあったことは否定できません。当時は報道にしても、学校教育においても、事実・真実が一切伝えられていなかったのだから、やむをえなかった、と。

　自分自身の責任ということを考えるようになったきっかけは、いまは故人となられた斎藤一好弁護士の著書『一海軍士官の太平洋戦争――等身大で語る戦争の真実』（高文研、二〇〇一年）を読んだことでした。斎藤一好弁護士は海軍兵学校の六九期（海軍経理学校の三〇期に相当）ですから私の九期上で、海軍大尉だった人です。戦後弁護士になって、日本国際法律家連絡協会や国際民主法律家協会（ＩＡＤＬ）の役員を務められ、自分の戦争体験を語り継がれると同時に、著書の中で自分には海軍士官として軍の侵略戦争の末端を担った者として責任があると書いておられたわけです。戦後の弁護士活動を通じてしっかりその責任を償ってきたこの人でさえ、こんなふうに感じているのかと驚きましたね。たしかに戦争当時大尉だったこの人にくらべれば任官もしていなかった自分の責任は軽いかもしれないが、決してゼロではない。自分にそういう自覚のなかったことに気づいたのです。

　そのころ観たヒトラーの若い女性秘書の映画からも強い印象を受けました。そこには若かりしころの自責の念と、「何も知らなかったから許されるというわけではないのだ」というメッセージが出てくるのです。私たちも、何も知らされていなかった、だまされていたのだからやむをえなかったではすまされない。そう考えなければならないと思います。

　二〇世紀以降の戦争には、財閥、兵器産業、軍需産業が根源的に関わっており、それと結託した政治家、高級軍人、高級官僚が戦争を計画し準備します。その際には、国民の貧困や不満、あるいは社会の閉塞感、そしてマスコミを利用するのです。

若い人たちには私たちと同じような間違いを繰り返してもらいたくない。戦争する国というものの本質を知らないで、世間の「空気」に押されて命を捨てるようなことになってはいけない。

幸いなことに、いまの私たちには日本国憲法という強力な「武器」があります。一九五四年に弁護士になった時、私は憲法を使って二度と戦争が起きないようにする訴訟のやり方はないものかと考えました。憲法を使って司法の場で平和を守るために闘えないだろうか、と。

私は一九五七年〜五九年の砂川刑事特別法事件、一九六三年〜六七年の恵庭事件、一九六九年〜七三年の長沼訴訟（第一審）、一九五八年〜八九年の百里訴訟などの憲法九条に関わる裁判で弁護団の一員として活動したわけですが、これらの事件を通して、憲法を議論していくうえでの多くの教訓を得ました。明確にわかったことは、憲法は単なる理想を述べているのではなく、人権と平和を守るための武器だということでした。

私は命のあるかぎり、日本国憲法を武器として平和を守るための運動に全力を注ぎたいと思っています。それが、私の戦争責任を完全に償うことであると考えるからです。

第二章　憲法を武器として——映画で甦った恵庭事件（稲塚秀孝監督と語る）

はじめに――恵庭事件とは何か

内藤　一九六二年に恵庭事件と呼ばれる事件が起きました。私も弁護団の一員として深く関わった事件です。この恵庭事件を、映画監督の稲塚秀孝さんが二〇一七年に『憲法を武器として――恵庭事件　知られざる50年目の真実』として映画化し、以後現在に至るまで、北海道・東京を中心に全国各地で自主上映を続けています。二〇二二年にはDVDも発売されました。二〇一八年四月二八日には、NHKのEテレで「平和的生存権特集番組」が放送され、その中で恵庭事件と長沼事件が取り上げられて、恵庭事件裁判の中で行われた自衛隊統合幕僚会議事務局長であった田中義男元陸将の証人尋問の録音が放送されたものですから、恵庭事件の裁判闘争の意義が改めて話題になってきたという経緯です。

今回、そうした経緯をふまえて、発生から六〇年余、この事件にあらためて注目することの意味を、稲塚秀孝さんと語り合いたいと思います。

まず私から恵庭事件の概略を説明しておきます。恵庭事件とは、北海道の札幌市の南に位置する千歳郡恵庭町（現在の恵庭市）にあった野崎牧場の、野崎健美《たけよし》さん（当時二七歳）と野崎美晴《よしはる》さん（当時二六歳）のご兄弟が、隣接する陸上自衛隊島松演習場（現在の北海道大演習場）での大砲の実弾射撃の轟音・騒音・振動に抗議して、一九六二年一二月一一日・一二日に、訓練用の通信線をペンチで切断したという事件です。二人は自衛隊法違反で起訴されたのですが、裁判所は無罪の判決を下しました。その無罪判決の理由の中で、裁判所は自衛隊が憲法九条違反かどうかの憲法判断をしなかったので「肩すかし判決」などといわれて、砂川事件や長沼ミサイル基地裁判のようには人々に知られるところとなりませんでした。

恵庭事件との出会い

内藤 対談を始めますが、最初に、恵庭事件との出会いを含め、稲塚監督の映画業界でのご経歴をお話しいただけますでしょうか。

稲塚 私が恵庭事件のことをはじめて知ったのは、私が高校一年生のときで、一九六七年三月三〇日の恵庭事件の地裁判決について、私の地元紙の北海道新聞を読んで知りました。たしか夕刊に大きく掲載されたのだと思いますが、その記事には「肩すかし判決」という見出しが付いていたことが、印象として強く残っています。

当時、私も、中学・高校の社会科の授業の中で憲法の意味や意義などを勉強していましたから、恵庭事件は当然、無罪であるとともに、自衛隊違憲の判決が出るのだろうと思っていました。判決が出る数日前から新聞記事でいろいろ書かれていて、それらを読んでそのように考えていました。

しかし、判決が出てみると、そうはならずに「肩すかし判決」だったということで、その年の高校二年の夏休みに、私は、恵庭町の野崎牧場を訪問して、健美さん美晴さんご兄弟からお話をうかがいました。牧場が忙しい時期だったと思うのですが、一高校生だった私に話してくださって、私はそれをテープレコーダーで録音し、小型カメラで写真を撮ったりしたのですが、当時の私は、その経験をそのままにしておけないとなぜか思ったのです。そこで、その年の秋の高校の文化祭のようなもので、その経験に基づいて『叫び』という演劇をつくって上演しました。約六〇分の演劇でしたが、私は、台本を書き、演出もしました。その劇には自衛隊員の「橋本大尉」という役があったのですが、誰も引き受ける者がいなかったので私がやるなどして、劇をやりました。

そして、北海道新聞には「有島青少年文芸賞」という、今年六〇回目を迎える賞がありまして、「高校生の芥川賞」と言う人もいるくらい北海道では有名なのですが、それにこの演劇での経験を応募しまして、そこでは恵庭事件を舞台にするまでを描いて、『幕が上がるまで』というタイトルにして、佳作をとりました。ですから、この年はほとんど恵庭事件に必然的に絡んでいったということですよね。そのことが、後に大学を卒業して映像の世界に入った後にも、やはりずっと原点になっていたのかなと今では思っています。

私は、高校を卒業して、中央大学を出て、はじめは新聞記者になることを目指していたのですが、なかなか就職できずに、「テレビマンユニオン」という映像制作会社に入りました。そこに一二年いて、後に独立して「タキオン」という制作会社をつくり、その会社は現在も形を変えて残っていますが、今から一五年くらい前からテレビ以外に記録映画などを自主的に製作するようになりました。そこでようやく恵庭事件を映画にしたいと思い、二〇一七年に『憲法を武器として』を完成させ、その年に日本平和学会での試写会を経て全国公開して、今に至っています。『憲法を武器として』という映画のタイトルは、野崎健美さんと相談をして決めたものです。二〇二二年は事件から六〇年の節目の年でしたが、二〇二二年春にはようやくDVDを発売し、これからも上映活動を続けていきたいと考えています。東京での上映会のほとんどには内藤功先生にもご参加いただき、当時の思い出や、現在まで恵庭事件を研究なさってきた成果などをお話しいただいています。多くの方々が内藤先生のお話を聞いて感動しているのも見ていますので、これからも上映会を続けていきたいと思っています。

内藤　稲塚監督が高校生のときに野崎牧場を訪ねて話を聞いたときに、いちばん印象に残ったことは何だったのでしょうか。

稲塚　健美さんと美晴さんの酪農に対する思いの強さが印象に残りました。お話の中では、当然、通信線を切断するに至るまでのプロセスもお聞きしたのですが、当時の私がそれを自分なりに理解できていたのかどうかはわかりませんが、自分たちの生活を守るために通信線をやむにやまれず切断したのだということを力説されていたので、そのことがいちばん印象に残りましたね。

映画化――忘れずにもち続けていた恵庭事件への思い

内藤　なるほど。映画『憲法を武器として』をつくろうと決意して、製作を始めたのは何年頃からでしょうか。

稲塚　二〇一五年頃に、判決から五〇年のタイミングが近づいていることに気づきまして、そこからいろいろ調べ始めました。映画が完成したのはそれから二年後の二〇一七年でした。

内藤　そうしますと、一九六六年の夏休みに現地を取材して、二〇一五年に映画化を計画し始めたとすると、五〇年近く経ってから映画をつくったことになりますが、その間も野崎牧場、恵庭事件への執念といったものはずっと絶やさなかったということでしょうか。

稲塚　その間も「忘れてはいなかった」というのがいちばん正直なところでしょうか（笑）。その間、絶えず恵庭事件をどうしようかと考えていたわけではありませんが、恵庭事件が自分の原点だという意識は忘れずにもっていましたので、いずれどこかで形にしたいとは思っていました。

だいぶ時間はかかりましたけど、野崎さんご兄弟お二人もお元気でお話を聞くことができましたし、内藤功先生にもご連絡したところ快諾していただいて数回インタビューさせていただくことができましたので、タイミングとしては良かったのかなと思っています。

支援者が残した公判記録から導かれた五〇年目の真実

内藤　二〇一五年から一七年の映画完成まで、多くの関係者に取材をして、多くの録音や録画、そして裁判記録の読み込みをなさったと聞いていますが、そのような中での苦労や新しい発見などはありましたでしょうか。

稲塚　まず、野崎健美さんのところへお邪魔して、おそらく覚えていらっしゃらないと思いますが以前高校生だったときに私が野崎牧場でお話をうかがいましたというところから話を始めて、もういちど当時の話からお聞きしたいとお願いしました。インタビューを続ける中で、やはり核心となるこの事件から調べていくというか、映画化して動かしていくことが必要だろうと考えて、まずは札幌の検察庁に当時の公判記録がないかどうかを尋ねました。しかし、けんもほろろで、もう保存されていないし、たとえあったとしても一般人に渡すわけにもいかないという理由で、見せてもらうことはできませんでした。

一方で、裁判当時に運動を支えていた「北海道平和委員会」という組織があり、そこを訪ねたところ、そこには、今の裁判では難しいでしょうが、なんと当時は裁判の様子を録音することが許されていて、それを学生や労働者などの皆さんで書き起こしをしたものが残っていることがわかりました。「平和委員会版公判記録」というようなものが全部で一〇冊ほどありました。私は、それを頼んで譲っていただき、書き起こされた文章は正直に言えば読みづらいものでしたが、それを読む作業を半年ほどかけて行いました。

その公判記録の中から言葉を抜き出して、役者さんに演じてもらって公判を再現することを思いつきまして、それを書き上げるのに最終的には九か月くらいかかり、ちょうど映画が完成する年の四月になってようやく東京で撮影することができて、完成させました。後から考えると、その膨大な公判記録の中から、あの部分はもうちょっとあった方がよかったとか、なかったほうがよかったとか思うところもあるのですが、とにかくまとめあげました。この映画を製作するうえで、この公判記録があったことが大きな推進力になったと思っています。

内藤　公判記録をすべて読み通すというのは、裁判のプロであってもたいへんな労力と知力と体力を必要とする作業です。私は稲塚監督が公判記録を読んで恵庭事件裁判を再現なさったことに心から敬意を表したいと思います。この映画を観ると、何回観ても、非常に丹念なやり取りになっているし、私からみても実際の裁判と違うよと思うところはないんですよね。

上映会運動

内藤 映画が完成した後には、試写会があり、そして全国での上映会運動が始まったわけですが、全国のどのような地域で、今日までにどのくらいの回数上映会が行われてきたのかを教えていただけますか。

稲塚 上映会は、まず北海道・東京・名古屋・大阪・京都など主要都市の一〇館ほどのミニシアターで行いました。札幌の上映会では、野崎健美さんご本人にもお話ししていただきました。その後は、問い合わせがあった、各地の平和委員会や労働組合などの団体や個人の方々からの依頼で、DVDやBlu-rayにしたものを上映する形での上映活動を行いました。東京では、内藤先生の地元である文京区民センターを会場にして、すでに五〇回近く、上映会を行っており、全国を合わせると一二〇～一三〇回になると思います。

上映会活動から得られるもの

内藤 全国で一二〇～一三〇回とは、まさに「ロングラン」ですね。そして、現在も粘り強く継続している上映運動だと思いますが、上映会の参加者の方々からは、ご質問やご発言をいただいたり、感想文をいただいたりしますよね。それらをご覧になって、稲塚監督は、参加者の方々はこの映画にどのような印象をもったとみていらっしゃいますか。また、この上映運動の成果や意義をどのように考えていらっしゃいますか。

稲塚　上映会にご参加いただいた方々をみますと、まずは、恵庭事件の裁判闘争当時に、「援農」ということが野崎牧場で行われていて、野崎さんご兄弟が裁判所に出かけるときに応援した方々、それは北海道だけでなく各地方にいて、当時出かけたという方々が、まずいらっしゃいました。次に、大学のときやその卒業後に恵庭事件を知って、興味をもったり研究している方々がいらっしゃいました。そして、それ以外の方々が、おそらく全体の六～七割だったと思いますが、恵庭事件そのものを知らない方々だったと思います。

ですから、たまたま新聞の告知やインターネット上の告知などを見て来られた方々は、たまたま見て来たのかもしれないですが、こんな事件があったのか、こんな重大なことが起こっていたのかということを知っていただくことができた。そのことがいちばんの成果だと思います。参加者は基本的にはシニア層が中心ですが、若い世代の方々にも来ていただいています。今後も、まずは東京を中心として続けることで、さらに広げることができないかなと考えています。

そして、ちょうど『憲法を武器として』を製作した二〇一七年の五月三日に、当時の安倍晋三首相による「自衛隊の三文字を憲法九条に書き込みたい」という発言があって、映画の中にそのことを新聞記事で入れました。そういう動きを安倍首相以降も継承する人たちがおそらくいるでしょうから、そのような状況である以上は、この映画での訴えを今後も広め続ける意義があるだろうと考えています。

内藤　私は、東京での五〇回に及ぶ上映会の大半に出て、映画上映が終わった後に三〇分くらい話をして、参加者の方々と質疑応答をしてきたのですが、そのご質問・ご意見がとても参考になるんですね。まずは稲塚監督もおっしゃったように、このような事件があったことを知らなかった、こんな大切な裁判があったことなど知らなかった、映画を観てよくわかったという声がいちばん多かったと私も思います。その他には、特に上映会を始めた頃には、法廷で被告や弁護人が自由自在にどんどん発言しているが、そんなことはほんとうにあったのかという質問をよくされました。これは裁判記録のとおりやっていますから、当時はそのような自由活発な法廷活動ができる裁判の状況だったのですとお話ししました。あとは、野崎牧場は現在どうなっているのですか、野崎さんご兄弟はどうなさっていますかという質問もありましたね。やはり、知らなかった、このような映画をもっと広げてくれというものが上映会の参加者の皆さんの意見としては多かったと思います。

上映運動の今日的な意義

内藤　最後の質問になりますが、先ほど稲塚監督が上映会の意義のことをおっしゃいましたが、あらためてこの映画の上映運動の今日的な意義についてうかがいます。六〇年前の恵庭事件に関するこの映画の上映運動を今どうしてやるのかと問われれば、現在の岸田文雄政権は亡くなった安倍晋三元総理の引いた路線を継承していくと言っています。そして、憲法九条の改定、軍備増強という道を進んでいます。そして、それに反対する運動も広がってきている。このような情勢のもとで、いま、自衛隊は憲法違反だということを正面から据えて闘った恵庭裁判をこの上映運動を通して広くアピールすることは、どのような意味をもつのでしょうか。

稲塚　先ほど私の恵庭事件との出会いのところで申し上げましたとおり、中学・高校時代に憲法の意味や意義を学んだ身としては、やはり、日本が非戦・平和というか軍備をもたないという憲法をもっていることを、もう一度、広めることができればいいなと思っています。ですから、あくまで自衛隊は憲法違反であることを正面から訴えかけながら、現在すでに二十数万人いる自衛隊員をどうするかという問題も当然でてくるでしょうからそれは次の段階として議論しないといけないとしても、まず自衛隊は本来憲法に違反している組織であることを明確に訴える方々を募りたい、育てたいと思っています。そのことを背骨として今後伝えていけるだろうと考えています。

内藤　二〇二二年に亡くなった安倍晋三元総理は、在任中に国会の予算委員会の答弁で、「自衛隊違憲論に終止符を打ちたい」と強調していました。私は「冗談じゃない！」と思いましたね。終止符を打てるものなら打ってみろと。自衛隊違憲論というのは、「憲法解釈論」なんですね。いま自衛隊をすぐに廃止するかどうかということは「政策論」であって、「憲法論」とは別の問題です。憲法解釈論としては違憲以外にありえないということを言っているわけですね。ですから、そのような意味で、今日の稲塚監督からのお話は私としても大いに共感した次第です。どうもありがとうございました。

法廷での録音が許可された

稲塚　いつの頃からか、裁判の法廷では録音ができなくなったわけですよね。一九六二年に恵庭事件が起こった翌年の秋から裁判の公判が札幌地方裁判所で始まりましたが、内藤先生とともに東京から一緒に行かれた渡辺良夫弁護士がテープレコーダーを持って行ったというお話をうかがっています。恵庭事件の裁判を録音したいきさつはどのようなものだったのでしょうか。

内藤　恵庭事件裁判は、憲法違反を争点にした公判なので、前回の裁判期日のときに弁護人・検察官・裁判所の間でどのようなやりとりがあったかを正確に認識する必要がありました。法廷ではメモをとってはいますが、メモでは不正確ですから、録音しました。

裁判の冒頭で、渡辺弁護人が、角谷裁判官に対して法廷での録音を許可してほしいという許可の申立てをしたところ、後日、書面をもって許可する旨の決定が下りました。

当時の録音機というのは、とても大きなものでした。それを渡辺さんが手にさげて、東京の上野駅から私と一緒に、東北本線、青函連絡船、函館本線に乗って札幌まで持っていくわけです。そして、裁判所で、テープレコーダーを法廷に設置し、北海道の学生さんたちが中心となって公判を録音する。そして、それを平和委員会や労働組合のみなさんが、手分けして文字に起こしてくださいました。さらに、それを印刷して、次回の裁判までに私ども弁護団に送ってくれたわけです。これが非常に役に立ちました。ひとつの期日と次の期日との間はおよそ二か月でしたが、時間をあまりかけずにその間に送っていただいたので、非常に助かったのです。テープは北海道に置いておきますが、録音機は渡辺さんが東京から持ち込み、そして東京に持ち帰っていました。裁判中、何度かは録音機を札幌に置いたままだったこともあったかもしれませんが、少なくとも最初のうちは、渡辺さんの右手には記録の鞄、左手には録音機という格好でした。

法廷での録音は、恵庭事件に引き続き、違憲判決が出た長沼事件の第一審の札幌地裁でも、同じように許可を申し立てたところ、すぐに許可されました。裁判長は理解のある方だったのです。

稲塚　そうですね。福島重雄裁判長でしたね。

内藤　この恵庭事件と長沼事件のテープレコーダーの記録は、その後、平和委員会から北海道立図書館に寄贈され、現在は北海道立図書館に所蔵されています。それをＮＨＫの「Ｅテレ」が取材して、その音声がテレビで放送されたこともあります（ＮＨＫ　ＥＴＶ特集「平和に生きる権利を求めて——恵庭・長沼事件と憲法」二〇一八年四月二八日　Ｅテレ）。

稲塚　裁判における記録方法について、内藤先生の弁護活動の経験のなかで、恵庭事件と長沼事件の後に、同じように録音が許可された例はあったのでしょうか？

内藤　それ以降の、私が関わった基地関係の裁判、自衛隊関係の裁判、労働事件の裁判などで録音が許された記憶はありません。やはり、恵庭事件と長沼事件は、特に「憲法九条と自衛隊」という大問題が審理される裁判でしたので、「記録に残しておきたい」「正確に論争を残しておきたい」という願いがありました。特に札幌地裁の第一回公判は、単独の裁判官が審理していましたから、そういう意味では角谷三千夫裁判官の許可決定の判断は、たいへん貴重なものでした。

稲塚　たいへんな決断だったと思います。角谷さんは、今ではありえないことですが、青年法律家協会（青法協）所属の裁判官でもありました。その後三人制の審理になったときも、録音の許可は引き継がれたということですね。長沼裁判の札幌地裁の福島重雄裁判長も、独自の信念をおもちの方でした。これらの録音に関する判断は、裁判史上、その後あまり見受けられなかったことだというご記憶ですね。

内藤　そうだと思います。

北海道と東京の弁護士で構成された大弁護団

稲塚　恵庭事件裁判は、大勢の弁護団によって構成されていました。全四〇回の公判すべてに出たのは内藤先生だけではなかったかと思うのですが、そうでしたでしょうか。

内藤　当時の北海道の弁護団は、中島達敬さん、彦坂敏尚さん、佐藤文彦さん、廣谷陸男さんの四人で、人数が少なかった。そこで、北海道の弁護団から、東京の弁護士に応援依頼がされ、特に砂川事件の第一審と最高裁の審理で闘った人が多いからお願いしたいということだったので、こちらは「よし」と快諾して、東京から大勢で応援に行ったわけです。すべての公判に出て、責任をもって裁判を担当する常任弁護人を選ぶ必要があり、東京から向かう四人の弁護士として、佐伯静治さん、渡辺良夫さん、六川常夫さん、そして私が決まったという経緯でした。弁護団の団長は北海道・札幌の中島達敬さん、副団長は東京から佐伯静治さんになりました。

稲塚　佐伯静治さんは、王子製紙の裁判闘争にも関わっていらっしゃいましたね。

内藤　ええ。佐伯静治さんは頻繁に北海道に来ておられました。佐伯さんは、労働事件の専門家で、労働法に詳しいうえに学究的な方でもありました。また、渡辺良夫さんは、いわゆる「生存権訴訟」の朝日訴訟の第一審で勝訴した方です。渡辺さんは、百里基地訴訟の主任弁護士もなさっていました。そして、六川常夫さんは、海野普吉さんという有名な弁護士の事務所にいらして、非常に理論家でした。しかし、残念ながら、この裁判の終盤の、論告求刑公判が終わった三日後、飛行機で東京から松山空港へ着く直前に、飛行機が墜落するという事故で亡くなってしまいました。このことはたいへんな損失でした。これら三名と私の計四人が、ともに常任弁護人として札幌地裁の公判に全回出ました。

稲塚　そうですか。残念ながら六川さんだけは最後に事故死で出られなかったけれども、基本的に四名の常任弁護人の方々は全回出ていたのですね。

内藤　事故でお亡くなりになった六川さんに代わって、急きょピンチヒッター役を担ってくださったのは六川さんの同期の新井章さんでした。新井さんは快諾してくださり、堂々たる弁論をやってくださいました。六川さんの担当は、「自衛隊法は憲法九条と三一条違反である」という部分だったのですが、それを新井さんが担当してくださり、すぐに弁護団の補充をすることができたのです。

戦後の新刑事訴訟法下の裁判の原則とその変容

稲塚　先ほどの録音の件もそうですが、自由な裁判の雰囲気というか、弁護団も被告の野崎さんも、挙手をすれば裁判長が「どうぞ」と指名してというふうに裁判が進行したと、裁判を傍聴した方々から聞きました。これは、おそらく現在の裁判の様子と比べると隔世の感がある話だと思いますが、そのような裁判というのは、いつ頃まで続いていたのでしょうか。

内藤　戦後、新しい日本国憲法ができて、新憲法に基づいて刑事訴訟法が全面的に改定されました。刑事訴訟法の基本的な捉え方については、まず、「当事者主義」つまり検察側と被告弁護人は対等の当事者同士で、裁判においては対等にやり合っていく、というアメリカ式の考え方がありました。もうひとつは、「口頭主義」で、裁判を書面でやるのではなく、お互いが口頭で応酬するというものですが、実はこの「当事者主義」と「口頭主義」こそが刑事訴訟法の原則なのです。

それを文字どおりに活用して実行した法律家グループが「自由法曹団」という法律家団体です。そして、自由法曹団の裁判闘争の真髄が発揮されたのが「松川事件」と「三鷹事件」でした。これらの労働組合あるいは日本共産党に対する刑事弾圧事件の裁判において遺憾なくその真髄が発揮されました。また、「メーデー事件」も同じようにその真髄が発揮された訴訟ですが、私はこれらの裁判は弁護人ではなく時々傍聴はしていたのですが、その審理もまさに口頭での論戦でした。

それらの事例に学んで、次の世代であるわれわれの世代が一九五〇年代後半から六〇年代にかけて手掛けたのが、労働事件です。特に地方公務員法三七条一項、国家公務員法九八条二項の争議行為の禁止・処罰が争点となった裁判の中で口頭主義を実行していきました。

ですから、被告人の発言はそれほどではなかったにしても、弁護人の発言は実に自由活発に行われていたのです。また、「被告人の発言こそがいちばん良い弁護活動だ」という考え方に立って、随時被告人に発言してもらうのです。特に検察側証人に対する反対尋問は、被告人が自分で体験した事実に基づくものですから、本来的に迫力があるのです。われわれは、むしろ被告人自身による反対尋問を奨励していました。恵庭事件の野崎健美さんに至っては、裁判の中でその方式に慣れてきて、裁判の進行についても意見を言うようになったほどです。これも本来は当然のことです。裁かれている人間が裁判の進行について自らの意見を述べるのは当たり前のことなのです。ですから、恵庭事件の判決自体には不満な点がありましたが、その審理においては、裁判長以下三人の裁判官がそのような比較的自由な法廷活動を認めてくれたことは、非常に立派なことだったと思っています。

そのような裁判がいつまで続いたのかというご質問にお答えすると、やはり一九七〇年代の長沼裁判の第一審の頃まではないですかね。次第に法廷での活動が制限されるようになりました。最高裁判所が、地裁クラスの裁判長に、研修というかたちで、いろいろその辺を厳しくやるようにと言って指導してきたのではないでしょうか。その頃は、私自身は訴訟の第一線から離れて政治のほうへ進んでいましたから（編集部註、内藤弁護士は、一九七四年の参院選に日本共産党の候補として全国区から立候補して初当選。その後二期一二年にわたって参議院議員を務めた）、詳しいことはわかりませんが、私が弁護活動をやっている頃は自由にやることができました。一九七〇年代後半から次第に制約されていったのだろうと思います。

稲塚　そうでしたね。青年法律家協会（青法協）への弾圧のようなこともありましたね。

内藤　はい。青法協に所属する裁判官に対して、青法協本部に脱退届を内容証明郵便で出させて、その内容証明の写しを最高裁事務総局に提出するようにというお触れまで出ました。そのように圧迫されていくなかで、「法廷活動を自由に認める」という裁判官が非常に少数になっていったのです。

札幌地裁判決に潜んでいた「三方一両損」の考え方

稲塚　恵庭事件裁判で、第一審の札幌地裁判決が出る前に、裁判所は中島主任弁護人に判決の日は判決文朗読に一時間程度の時間がかかると言っておきながら、実際の判決は十数分で終わったと聞きました。そして、その判決文について、ある大学教授の方は、ツギハギだらけのような判決文で、論理もまとまっていないと言ったというような内容でした。札幌地裁判決について、内藤先生はどのように考えていらっしゃいますでしょうか。

内藤　恵庭事件の札幌地裁判決が出る前年の、一九六六年の一一月九日・一〇日の二日間に行われた検察側の論告求刑公判で、裁判所は、検察側の論告求刑文の中の情状についての部分（「情状はきわめて悪質で、掣肘《せいちゅう》に値する」という内容でした）と、「よって被告人を懲役〇年に処するを相当と思料します」という求刑の部分を削除する意思はないかと検察側に尋ねたわけです。それに対して、検察官が驚いて「どうしてですか」と訊くと、裁判長は「それは、この事件の特殊性から、当初から立ち会っておられる検察官の橋本検事と親崎検事はわかっているはずだから、私からは申しません」と返したのです。そんな不親切なことがあるかと検察が異議を申し立てたのですが、裁判所はこれを却下しました。却下の理由は、「情状については何も弁護側の証人を認めていないのであるから、検察側の情状求刑だけをさせることはすこぶる不公平になるので、求刑を禁止する」ということでした。

求刑を禁止するということになれば、無罪判決とするしかなくなるわけです。その時点で間違いなく本件は無罪となると判断できました。そして現実にそのとおりになったわけです。また、判決理由についても、この裁判の争点は自衛隊法が違憲かどうかという点に絞られており、弁護人は、自衛隊の通信線が防衛用の器物に当たるか当たらないかということは主張していません。そして通信線を切ったことが正当か否かということに関しても全く証人を出していませんから、判断しないこととなるだろうと見込まれました。論理的に考えれば、消去法で残るのは自衛隊法が違憲であるという無罪判決しかないだろうと考えられたのです。私は、それを支援者のみなさんにも話しましたし、マスコミの方々にも取材に応えてお話ししました。

しかし、国家権力というのものは、そう簡単・単純なまやさしいものではありませんでした。おそらく裁判所と検察側双方の上層部で話が調っていたのでしょう。ざっくばらんに申し上げますと、第一には、先ほど説明した論告求刑公判で、裁判官が「理由は申しません」、「検察官、あなたはおわかりのはずですよ」と言ったこと、つまり、どこか上の方で合意があってそれを法廷立会検事も知っているはずだと言った裁判長の発言の重要性です。このことに気づいたのは、裁判が確定した後二〇年ぐらい経ってから改めて公判記録を読みなおしたときでした。「これだ！」と思いましたね。裁判当時はそのことを見抜くことはできずに、裁判所に対する上からの圧力ではないかということばかり考えていたわけです。たしかに何らかの圧力か、忖度かはあったでしょうね。

これはあくまでも現時点での推察ですが、裁判所と検察側の上層部の間で、「この判決は、憲法問題には触れない、しかし無罪にしよう。そうすれば被告側は控訴できない」、「検察も控訴しないということで幕を引いてしまおう」という「三方一両損」の考え方の合意をしていたのではないかと思うのです。高裁、最高裁は自ら憲法問題に取り組まなくてもいい、検察側は違憲判決を避けられたからいちおうホッとする、弁護人側もとにかく無罪確定だから文句は言えないだろう——こういう三方一両損の合意です。上層部同士が形成したその合意は、裁判長には伝わっていたのです。陪席裁判官にはどうだったのかわかりませんが、少なくとも裁判長には伝わっていたのです。しかし、検察の側では、なぜか立会検事の橋本さんと親崎さんには伝えられていなかったのです。それゆえに、このトンチンカンな食い違いの問答になったとみるしかないだろうと思います。

現在、上映会後にこのことについて質問があった場合には、現在、私が到達した判断として、以上のことを申し上げています。ただ、裁判当時は、そのような洞察ができなくて、裁判所が非常におそれたのではないかと思っていました。おそれたというのは、裁判所が自分で考えて違憲判決を出すことに弱気を起こしたか、あるいは、何らかの上層部からの圧力があったのではないかと、私も、多くの弁護士たちも思っていたのです。

総合的な視点からの判決の評価

稲塚　よく日本の刑事裁判では九九・九パーセント有罪になるといわれるなかで、この事件で無罪を勝ち取ったことの意義は非常に大きいですね。

内藤　そうです。「無罪確定」という結果がこの裁判にはありますが、その評価は、日本の裁判闘争史全体から総合的にみてなされるべきだと思います。私は、この点を後世に伝えていきたいと思っています。

というのは、『判例時報』などに掲載された判決文だけを見ると、判決理由自体はあまり値打ちのないものなのです。法学研究者の方々からみても、憲法問題に触れていないがゆえにそれほど価値のある判決ではないという理解でした。防衛用の器物に当たるかどうかに関して罪刑法定主義を厳格に解釈した事例とでもいえば値打ちはあるけれども、学究上の値打ちはあまりないとされたのではないでしょうか。

しかし、このような無罪判決を書かざるをえないところまで追い込んだ弁護人の弁論の評価というものを、いまいちど考えていただきたいと思います。『法律時報』誌は、臨時増刊号で弁護人の弁論を全文掲載しましたが、これは貴重な資料です。本書の第三章にそれを再録したのは、資料としての価値に鑑みてのことです。

それから、先ほどお話ししたとおり、支援者の方々に裁判の録音を文字に起こして弁護人に提供していただいたこと、また、裁判に野崎さん兄弟が出ることができるように牧場の援農活動をしたこと、傍聴席を満席にしたこと、しかも交代してみんなで傍聴できるようにしようという傍聴活動をしたこと、なども貴重な成果だといえます。防衛庁・法務省側に傍聴券を一枚も渡さないために、公判の前の晩から雪の降っている中でもテントを張って徹夜の座り込みをして傍聴券を全部確保していただきました。こういった支援運動の熱烈な支援なしには、弁護人は充分な活動ができなかったはずです。そのような法廷内外の活動全体を総合的に考えることによって、この恵庭闘争を評価していかなければいけないと考えています。また、そのような評価をしていただきたいというのが私の持論であります。そのことは、いま上映会のたびにお話ししています。

また、依頼を受けて執筆する恵庭事件の論文でもこの点を特に強調して書いています。

恵庭事件の判決文だけではなく、裁判の全経過、特に弁護人の違憲論の展開、その内容、範囲の広さ、奥深さといったもの、それから、弁護人の活動を支援して十分な弁護活動ができるようにしてくださった方々の活動の全体を評価していただきたい、というのが私の気持ちです。

判決の真相――裁判長の次女、平塚美見さんの証言

稲塚　映画『憲法を武器として』の中でも取り上げたのですが、札幌地裁の辻三雄裁判長の次女の平塚美見《ひらつかよしみ》さんの証言がありました。辻裁判長が、退官されてしばらく経って八〇歳を過ぎた頃、平塚さんに「あの時は上から圧力があった」というようなことをおっしゃっていた、あるいは、それを聞いたという証言があります。また、裁判長と角谷さんはすでに亡くなっていますが、もう一人の左陪席の猪瀬俊雄さんは今もお元気で、内藤先生も愛知県の春日井市で上映会があったときに猪瀬さんとお話しされていましたね。札幌地裁判決は、三人の裁判官が協議して、あのようなかたちにとりまとめられたことは間違いないと思います。いま映画をつくる側として興味があるのは、三人の裁判官がどんな会話をしたのだろうか、そして、それがどのようにして判決に集結したのだろうかということです。

これは福島重雄さんもそのようにおっしゃっています。角谷さんに関しては、その後東京へ戻られ、同僚の方に「悔しい思いが残っている」とおっしゃったということだけ、その同僚の方から聞くことができています。詳しい内容は、もちろんわかりません。また、裁判長に関しても、娘さんに話されたということしかわかっていません。春日井にいらっしゃる猪瀬さんは、その話

は墓場まで持っていくとおっしゃっていて、取材には応じてくださらなかったという経緯があります。そのようなことからすると、あのような判決に至ったプロセスには、現在もなお謎が残っている気がします。内藤先生は、元裁判官の方にもお会いになっていますが、この点についてどのようにお考えですか。

内藤　二つの問題があります。一つ目の問題は、辻三雄裁判長の次女の平塚美見さんは、北海道の旭川に住んでおられて、映画の取材に応じてお話をされました。同時に、北海道新聞にも寄稿なさったのです。その内容は、辻裁判長が退官され、八〇歳ぐらいになったときでしたか、娘である平塚さんのところを訪ねてこられて、辻裁判長のほうから恵庭事件判決に言及され、「実は憲法問題に触れないようにという上からのお達しがあった」とおっしゃったことがあったそうです。「上から」というのは、平塚さんご自身は「たしか最高裁のことだったと思います」というご記憶です。メモがあるわけではなく、記憶で話されたことです。恵庭事件が五〇周年だというので北海道新聞などで取り上げられるようになり、平塚さんは、自分が聞いて記憶していることを話すのが自分の使命ではないかと思って、その事実を明らかにするために北海道新聞に投稿したそうです。北海道新聞が平塚さんを取材し、その記事を読んだ稲塚さんも取材をしたというわけですね。

非常に重大な発言ですから、いつ、最高裁の誰から、どういう場で、どういう言い方で「憲法問題に触れるな」というお達しがあったのか、という具体的事実が重要になると思います。私は、直接平塚さんにお会いして「いつ、どこで、どのように、最高裁の誰がお父さんに言ったのか、そこは聞きませんでしたか」と何回もお尋ねしたのですが、それ以上のことは出てきませんでした。私は平塚さんのおっしゃったことは嘘だと思いません。実際に恵庭判決についてお父さまからお話を聞かれたのだと思います。ですが、その「お達し」なるものがどういった具体的な性質のものだったのかということまでは、その証言だけでは特定し難いのです。したがって、私の判断としましては、その「お達し」なるものが憲法問題回避判決の原因だったということまでは断定できないのです。

判決の真相——左陪席、猪瀬俊雄さんの証言

内藤　二つ目の問題ですが、左陪席の猪瀬俊雄さんのお話のことです。猪瀬さんは、裁判の途中で入られましたが、彼は判事補に任官して最初の事件がこの恵庭事件だったとおっしゃっています。

猪瀬俊雄さんは、春日井市で最後に支部長をやり、退官後はそのまま春日井市で弁護士をされました。弁護士は二〇一九年頃までやっていらしたのですが、なぜか弁護士登録を取り消し、今

は元弁護士という立場でいらっしゃいます。猪瀬さんは、現在、愛知県革新懇にも関係しておられ、愛知県革新懇のニュースでも恵庭事件に関する憲法問題について発言したり、ご登場なさっています。そして、いま全国二十数か所で行われている安保法制違憲訴訟では、愛知訴訟の原告の一人となっておられます。弁護士を辞めて、自ら原告になって闘っている立場の方です。つまり、猪瀬さんは、今は私たちと同じ立場で、同志のような間柄です。

二〇一九年八月九日に愛知県春日井市で上映会があり、私はそこに参加しました。私が来るというので、猪瀬さんも春日井市の上映会にお越しくださいました。そして、映画の上映が終わった後の、私の話のときには、観客席の私の目の前の真正面の席に座り、熱心に聞いてくださったのです。講演が終わってから、その場で北海道新聞と朝日新聞と毎日新聞の三紙による共同取材を受けました。猪瀬さんに対しての質問が大半で、私と猪瀬さんの対談というかたちではなかったのですが、私は隣で猪瀬さんと各社との問答のやりとりを聞いていました。この三紙のインタビューを傍聴して、私は以下のように彼の発言を整理してみました。あくまで私の記憶と理解で申し上げますから、猪瀬さんに訊いたら違うとおっしゃるかもしれませんが、なるべく正確さを心がけて再現してみます。

猪瀬さんは、まず、「被告の野崎さんは、米軍と自衛隊によってあれだけの被害を受けていたのだから、あの場合、誰だって黙っていられないだろうと思った。野崎さんが通信線を切断せざるを得なかった経過や事情を、裁判所としてはよく調べる必要があると思った。そして、野崎さんの人権をいかにして守るかというのが、裁判官としての責任だろうと思っていた」と話されました。そして憲法一三条を引いて、「憲法一三条の生命、自由、幸福追求の権利は国政上最大の尊重を必要とされるべきであり、これが裁判官の任務だと思っている」ともおっしゃった。これは刑事事件の裁判官としては、非常に正しい姿勢だと思います。

そして次に、「検察側は、器物損壊罪ではなく、あえて自衛隊法一二一条違反での起訴をした。これは弁護人が強調しているように、あえて安保条約に基づく刑事特別法で起訴した砂川事件に倣い、最高裁の判決で自衛隊についても合憲判決を得ようという意図だと、そのように自分としても理解していた」と話されました。これも正しい理解だと思います。裁判所が検察官に訴因変更を打診したということは、このとき初めて聞きました。つまり、自衛隊法違反をやめ刑法の器物損壊罪に変えたらどうかと打診したが、検察は応じず、あくまで自衛隊法でやったということだったのですね。

そして、三つ目に話されたのは、「この事件は、有罪にしてはならなかった。人権を守る上で、被告を無罪にすることが必要だった」。しかし「自衛隊法が違憲である。ゆえに無罪だと判決すれば、高裁や最高裁でおそらくその結論はひっくり返され、砂川事件のようなことになるから、違憲に触れないかたちで無罪という選択肢をとった」ということでした。違憲判決では上の裁判所でひっくり返されるから、他の理由にしたというわけです。

そして、ここで私が横から少し口を挟んだのですが、「一九七三年九月の長沼事件の第一審判決では『憲法判断を避けるやり方では問題の根本解決にならない』と福島裁判長が判決文で書いておられます。恵庭事件もそれと同様に、憲法の基本原理に対する黙過することが許されない重大な違反が発生している疑いが生じている。その結果、国民の権利が侵害されまたは侵害される危険がある場合、裁判所が憲法問題以外の主張について判断することによって終局させたのでは、事件の紛争を根本的に解決できないこととなる。このような事態が認められる場合、裁判所は憲法判断回避という消極的立場はとらず、当該国家行為の憲法適合性の審理判断をする義務があるのではないでしょうか」と、口を挟んだのです。それに対して、猪瀬さんは、「たしかに、そういう選択肢もあったけれども、とらなかった。統治行為論も検討しました」とおっしゃいました。「統治行為論は弁護人が徹底的に攻撃していたし、これはとらなかった」と話されました。

残るところは「通信線を切断した行為が正当防衛あるいは正当行為であり、不可罰的なものである」という論点だが、これに関しても、「弁護側のこの点に関する証人申請を全部却下していたので、判断することができなかった。それを判断すると不公平になるからとらなかった」とのことでした。結局、「『防衛用器物』の限定解釈をすることにより、該当せずとして無罪にした」こと、また、「角谷裁判官が起案し、それを自分に何回も打診されて、判決文が書かれた」ことを話しておられました。
以上のようなことが、この共同記者会見の際に初めてわかったわけです。
現在の日本の裁判官、特に安保法制違憲訴訟において原告敗訴の判決を例外なく出し続けている多くの裁判官の実情を頭に入れると、恵庭事件の猪瀬裁判官のような憲法感覚はもってほしいなと思います。猪瀬さんは、人権感覚というものを非常に鋭くもち、裁判に臨んでいらしたことがわかったので、私は非常に救われた気持ちになりました。

稲塚　猪瀬さんはギリギリのところまでおっしゃった、という可能性もありますね。

内藤　ええ。たいへん踏み込んだ話ですが、みなさんが知りたいと思うのはこのへんのことですね。

稲塚　猪瀬さんは当時二六歳です。ですから、先ほどおっしゃったように、司法修習生を終えて赴任して最初の裁判でした。猪瀬さんが今はどういう思いをおもちなのかわかりませんが、当時、被告の野崎さんご兄弟がいろいろ苦労されているのを、これ以上引き延ばしたくないとおっしゃっていたことは事実でしょう。法律問題は措くとしても、野崎さんご兄弟を救うためにどうしたらいいかという思いがあったと思います。ただ、それをあまり大げさに言うのもどうかとも思いますが。

内藤　通常の刑事裁判から考えると、どうしてこういう行為に及んだのか、その動機や経過をみると、こんなに米軍の戦闘機の爆音に悩まされ、続いて出てきた航空自衛隊の爆音に脅かされ、戦車の蹂躙による土砂崩壊で川が汚れるという被害を受け、そして大砲を至近距離でドカンドカンと、しかも前触れなしに、約束を無視して撃つ。しかも、仔牛の能力検定のいちばん静かでなければならない日に撃ったということで、堪忍袋の緒が切れたことを弁護人の発言や被告の発言から正確に認識し、これはなんとか救ってやらなければいけないという気持ちであった。他の二人の裁判官も、その点に異論はなかったと思いますとおっしゃっていた。そのような感覚は裁判官として非常に大切だと思います。

とにかく恵庭事件の判決を無罪とし、しかも検察が控訴しなかったこと、第一審で無罪が確定したことは、非常に重大な成果でした。通信線は防衛用の器物に当たらないといっても、自衛隊も防衛庁も納得するわけがないですよね。通信線というのは、戦闘に非常に重要、不可欠なものですから、そういうものが防衛用の器物ではないということは考えられない。もしも裁判が高裁に行ったら、この点だけで判決がひっくり返る可能性は十分にありました。それを検察はなぜ控訴せず、確定させたかという点に、先ほど言った司法上層部の考え、つまり「これ以上やれば、また弁護側は高裁で自衛隊違憲論を展開し、最高裁まで行く。何とか地裁限りで幕を引きたい」という、裁判所と検察の両者の上層部の一致した合意が存在したことを想起せざるをえません。非常に高度な妥協策（民事事件でいえば職権による和解）を試みたのだろうと思うわけです。

稲塚　現在から思い起こしますと、もしもこの裁判が高裁まで行けば七〇年安保の時期に引っかかるのですよね。一九六七年三月の判決ですから。ですから、内藤先生がおっしゃったとおり、これ以上問題を広げないように収めようという思惑はあったかもしれないですね。

内藤　これは、検察および検察側のバックにいる政府権力による一種の「マッチポンプ」ですね。つまり、自衛隊法違反で起訴して有罪にしようとした。自衛隊法があるのだからとマッチで火をつけたわけです。火が向こうへ燃え広がると思ったら、意外にも抵抗に遭い、逆に火がこちらへ向いてきたので、今度は一生懸命ポンプで火消しにかかり、ここで控訴断念、無罪確定で消し止めた。

札幌地裁の無罪判決の二週間後に札幌地検の検事正が記者会見をして、控訴断念を発表しました。そのときに控訴断念の理由として言ったのは、「今後、同種の事案が起きても、刑法の器物損壊罪で起訴することが可能であるから」ということでした。それなら、はじめから刑法で起訴すればよかったのであって、本件起訴自体が失着だったということを認めてしまったわけです。ですから、検察の基本方針の転換、最高検の方針転換があったのではないでしょうか。つまり、弁護団、被告、支援勢力の力が意外に強かった。彼ら権力側は、当初みくびっていたのだと思います。弁護団も若い連中ばかりだから大したことはない、というふうに。

また、裁判の中で決定的に影響があったのは、やはり三矢研究でした。三矢研究の統裁官・田中義男氏の証人尋問を三五時間もやり、そこで重大な事実が次々と出てきたことですね。これだけのことが出てきた以上、自衛隊が合憲だという判決は出しにくかったのだろうと思います。恵庭事件裁判における三矢研究の追及にはそのような大きな意味があったと思います。

第三章 恵庭事件最終弁論（全文）——自衛隊の実態

一　本弁論の目的および資料

1 目的

私がこれから行う弁論は、自衛隊あるいは自衛隊法が、憲法九条および前文に違反するという各弁護人の解釈論を、自衛隊の実態をしらべ、かつ、それを明らかにすることにより、裏づけ、補強せんとするものであります。すなわち、自衛隊がアメリカの戦略に従属し、そのもとで、核武装、海外侵略のみちを歩む危険がある軍隊であることを明らかにしたいと思うのであります。

2 資料

最初に本弁論の資料について申し上げます。まず、証拠としましては、田中義男証人の当公判第一八回ないし第二四回までの証言、これを十分に引用しております。二番目に、弁護人提出の証拠であります。つまり、乙七七号（第四八回国会衆議院予算委員会議事録一〇号）、乙七八号（同議事録一八号）、乙八四号（岡田春夫議員〔日本社会党〕によって、衆議院予算委員会、昭和三八年統合防衛図上研究等小委員会に提出された「第三動研究問題　状況下の研究」ナンバー一一、一六、「状況下の研究」ナンバー一二、昭和四〇年五月三一日の衆議院予算委員会に提出された非常事態措置諸法令の研究および昭和三八年度統合防衛図上研究実施計画と題する文書）。以上が公判廷にあげられた証拠であります。

そのほかの資料としては、国会議事録、新聞。新聞については紙名は省略しますが、発行されているあらゆる新聞です。それから雑誌、とくに『世界』、『中央公論』、『現代の眼』、『月刊社会党』、『前衛』ですが、その他あらゆる雑誌が含まれます。図書は、主たる参考文献としてつぎの四つをとりあげることができます。星野安三郎・林茂夫著『自衛隊』（三一新書）、『現代の戦争』（岩波現代叢書）所収の林克也氏の二つの論文、『防衛年鑑』、それからとくに「大東亜戦争」関係については、服部卓四郎著『大東亜戦争全史』（鱒書房）。以上であります。

さらに私自身が旧軍関係者あるいは防衛庁関係者、政治家、軍事評論家、科学者等に直接お目にかかって話をうかがいました。事実の正確さを担保するため、あるいは軍事知識を得るために、足繁く通って調査致しました。そこで得られた知見も本弁論に採り入れております。

私は、一九五九（昭和三四）年、砂川刑事特別法事件の最高裁弁論に参加するために、在日米軍の実態を調べたことがありますが、その時以降七年間、弁護士業務のかたわら、この問題を非常に丹念に調査し研究いたしました。本弁論はその結果をふまえた膨大な資料にもとづくものであり、確信をもって当法廷に臨むことができるものであります。

二　三矢研究について

1　三矢研究とは

まず本論は九つの部分に分かれています。一は三矢《みつや》研究について。なぜ三矢研究から始めるかというと、三矢研究については証拠調べがなされており、その証拠調べの題材になった三矢研究というものは、自衛隊の実態を判断する資料に充分なりうるということをはじめにはっきりさせておきたいからであります。

三矢研究は、昭和四〇（一九六五）年二月一〇日の衆議院予算委員会で、岡田春夫議員の手によって自衛隊の実態を露骨に示す資料として提示されたのであります。ここで示された自衛隊の作戦計画は、従来、検察官が公判廷で述べている「自衛隊の装備や作用が防衛のため必要かつ相当の範囲に限定される、それには実定法上の保障がある」というような主張を根底からくつがえすような実態を含むものであります。三矢研究は三八年二月から六月まで行われ、とくにいちばん問題になる第四回合同研究という図上演習は昭和三八年六月一三日、一四日、一七ないし二二日に至る八日間の長きにわたって行われたことが先にあげた証拠により明らかであります。しかし、これは第四回の合同研究だけが八日間なのでありまして、それまでに第一回から第三回までの合同研究が行われていること、これも証拠で明らかです。そして図上研究を八日間もやるためには、通常、相当期間の準備が必要であるということを田中義男証人は認めております（証言記録二七四五丁参照。以下同じ）。これは三八年二月一日、統幕議長の決定「統幕第三八―三〇号」にもとづき、二月から六月まで約四ヵ月半にわたって準備されたものであります。したがって、この準備期間を含めますと約五ヵ月にわたる長期の綿密な研究が行われているのであります。図上研究という言葉を使っていますけれども、これは軍事上いわゆる図上演習あるいは兵棋演習、略して言うところの図演のことであるということは容易に推定されます。

2 太平洋戦争における図演の役割

過去にさかのぼれば、太平洋戦争開戦前に図上演習（図演）は幾度か行われております。たとえば田中証言によると、昭和一六（一九四一）年夏のころ、ご自身も兵力補充の資料を出したことがあると。そしてこれらの図演はすでに決まっている作戦計画を検討するという側面と、つぎの作戦計画を作っていく準備という両面があるということを認めています。これは証言記録二七五七丁および二七五九丁に書いてあります。昭和一六年六月一五日から二一日まで七日間、蘭領インドシナ――いまのインドネシアとマレーシアを含む地域――を侵略することを目的とした図上演習が海軍で行われているわけです。また、一六年九月一〇日から一三日まで、山本五十六聯合艦隊長官が統裁して南方要域攻略作戦とハワイ方面奇襲作戦の二つを研究しています。

陸軍では同年一〇月一日から五日まで、塚田攻参謀次長が統裁し、南方作戦のために編成予定の各軍の参謀が参加して開戦初期の南方要域作戦の研究が行われました。そしてこれをもとに一六年一〇月末、作戦計画を決定。さらに陸海軍中央協定を結び、一一月五日、天皇に上奏允裁、一一月一五日に天皇の前で形だけの御前兵棋を行って、侵略戦争突入を準備したのであります。

このように、太平洋戦争前には侵略戦争の計画については必ず図上演習を行っていました。この図上演習のやり方は、旧軍と三矢研究とで変わりないかどうかという点を親崎検事も相当しつこく訊いたのでありますが、田中証人は一貫して変わりはないと、その当時と現在とで変わりはないということを言っています（たとえば証言記録二〇四二丁）。

3　三矢研究の規模

図上演習は決して政府の一部の人の言うような、幕僚たちの単なる頭の訓練、勉強会、ゼミナールというようなものではありません。この三矢研究は田中証人がしばしば述べたように（たとえば証言記録一九九一丁、二〇三六丁）、将来の防衛計画策定に資することを目的とした重要な研究である。そういうことを田中証人はしばしば強調しております。では、どういうふうに資するのかという角谷裁判官をはじめとする関係人の質問に対しては、たとえば昭和四二（一九六七）年四月からの五ヵ年間の第三次防衛力整備計画（三次防）にも影響する（二二六四丁）、それから建設、教育にも活用される（二二六九丁）、三九年度防衛計画にも影響している（二九二七丁）ということで、非常に重要な研究だと述べております。

それかあらぬか、三矢研究が終わった三八年六月の翌々月の八月には、航空幕僚監部の中で「防衛力整備に関する基本見解」という文書が配られました（二七七二丁）。田中証人も認めているところです。さらに「国防基本法」というものも配られた。国会でいずれも問題になったんですが、三矢研究で研究されたことがそのまま空幕のこういった文書に出てきている。まさに将来の防衛計画に資するものだったわけです。

まず、この空幕の「防衛力整備に関する基本見解」には、朝鮮半島で武力戦が発生した場合どうなるかということが書いてある。「国防基本法」の中には「国民義勇隊」という言葉が出てくる。これも証人尋問でずいぶん問い質したことですが、一五歳から六〇際までの男性を動員する、女性も動員する法律です。それがそっくり国防基本法案に反映されている。

この点、政府は国会で一所懸命逃げ回ったんです。議員の質問に対して、「いや、あれは一幕僚、一事務官が配ったんで、われわれは知らん」などと言って逃げ回った。だが、そんなことが続けて起きるわけがない。私は国会と同じようにこの法廷で田中証人を追及したんですけども、田中証人の答弁はなかなか要領を得なかった。いちばん苦しいところをつかれたにちがいない。

三矢研究はそういう防衛計画に資するための研究に違いないのである。

ところで、この三矢研究はいつ決まっていたかという問題も興味のあるところです。証言記録二〇三五丁の田中証言によると、早くも昭和三六（一九六一）年八月三〇日頃、防衛の研究をするという程度のことはすでに決まっていて、翌三七年度の防衛庁業務計画に載っていた。つまり三矢研究は、当初は三七年度の研究でやるつもりであった。三七年度ということは、三八年三月末日に終わる研究として業務計画に載っていたということになります。ところが、三月末どころか六月末までかかる大規模な研究なのです。これは一体何故なのかという問題が次に出てきます。

ところで、三矢研究にはっきり決裁が下りたのはいつかというと、これも証言に明らかですが、三七（一九六二）年一二月二七日頃である。そしてその頃から初めて、具体的な想定の下でやるようになる。それまでは抽象的な防衛の研究であったものが、三七年の暮から三八年一月にかけての統幕事務局の研究での結果、朝鮮戦争についての図上演習をやることになった。そういうことが問題なので、当初の三月末ではとても終わらない、六月までかかる大図上演習になるということがわかったのが三七年一二月から一月の情勢なのであります。これらの事実は証言記録二二六四丁ないし六六丁で明らかです。これははたして、一体何故なのかということは後で申し上げます。

ところで、海原防衛局長は、国会でさかんにこの研究は教育だということを述べたんです。親崎検事も教育ではないかと繰り返し訊いたんですけれども、教育だとは言わない。私ははっきり言いたい。教育ならば当然防衛庁教育局の人間がこれをやる。ところが教育局からは誰も参加していなかったことが田中証言二〇四九丁で明らかです。しかも、この図上演習の主たる中心人物は誰かということをしつこく問うたところ、一貫して山本啓四郎海将補であるということでした。山本海将補は第三室長ですから、作戦研究担当部局の中心人物であることが明らかです。作戦の研究であって、教育ではない。

ところで、この図上演習は八日間にわたって行われました。田中義男統幕事務局長が統裁官となり、第一ないし第五各室長らが統裁部員、それに研究部員として統幕、陸、海、空各幕の佐官クラスの人たち、合計五三名が参加して行われたものであります。このメンバーからみましても、旧軍にたとえるなら「参謀本部・軍令部合同図演」ともいうべき非常に重要なものであります。

三矢研究は、相当上級者が集まっているところに特色があります（二〇四五丁）。これ以上のメンバーは集めにくかったろうと思います（二〇七丁）。この証言が出た場面を思い起こしてもらいたい。中堅幹部といっているがどうなのかと尋ねたら、田中さんは憤然と「中堅幹部といやあそうかもしれんが……」といってしらを切る。これ以上のベストメンバーはないかと言いましたら「これ以上は集めにくかった」と言うのであります。この点からも非常に権威のある研究だとみなければならない。

ところで、この三矢研究の文書は、極秘であることを示す赤表紙を付した五分冊、一四一九頁にのぼる膨大なものであります。なぜそういう文書にまとめたかといえば、将来引き続きこの文書を基礎に研究するためにまとめました、と（二三六九丁）。このうち国会で提示されたもの、つまり当公判廷に証拠として出されたものは、全体のごく一部です。ほかにも相当重大な内容があると思います。しかし、この提出されたものだけをとらえても、きわめて恐るべき内容であります。

ここで私は、三矢研究にどのような人間が加わったかという問題、とくに防衛庁内局、いわゆる文官がどのように参加したかということを、田中証言（二〇五〇丁）をとおしてみてみたいと思うんです。三矢研究には内局から、防衛局の防衛一課の人が来ていたんですが、防衛一課の課長は久保さんといって警察出身。警察の公安の課長をやっていた。この人は砂川闘争の頃に警視庁にいた人です。あとでお話しするように、旧軍人は警察というものを非常に馬鹿にしていた。警察出身の内局による文民統制なんてできない。防衛一課の課長を、旧軍人は大体あんまり尊敬しないような雰囲気になっている。それで、この久保一課長は第四回図上演習に、とうとう出てこなかった。三人の部下が六、七時間出ただけだった。八日間の研究にわずか六、七時間出ただけの防衛一課とはどういうところか。田中証言によると、防衛一課とは昔の陸軍省でいえば軍務局軍事課、つまり軍の出動の手続きをやる、すなわち防衛出動の手続きをやるところだということです。防衛出動をやるということが、この三矢作戦に出てくるのですから、その手続きをやる文官が出てこないというのではシビリアン・コントロールも何もあったものではありません。なにしろ、三矢研究当時の制服自衛官は、田中証言によると二四万人、文官は一万五、六〇〇〇人。文官の一万五、六〇〇〇人で、制服二四万を押さえることは量的にもできない。質的にみるとどうかといえば、防衛庁生え抜きの役人は少ない。大体実力者といわれる上級官僚は出向の官僚で、警察庁、農林省、国税庁等の役所からの出向官が多く、これで制服組、軍事の専門家を押さえられると思ったら大まちがいであると思います。

4　想定の現実性

図上演習を行うときはまず一定の想定を立てます。その想定にもとづいて演習をする。その場合、空想的な想定は立てません。たとえば今の日本でいえばアメリカ・イギリスと戦争するとか、韓国と戦争するといった想定は立てないはずです。

私はこの点を特に重視して証人に訊きました。証言記録二一五四丁にその問答が出ています。多額の予算を使ってやるわけですから、最も具体性のある状況、発生の可能性の大きい状況を考える。角谷裁判官も非常にこの点を重視して聴いておられたと思うのであります。

ところで、三矢研究実施計画の文書には次のように書いてある。

「三八年度において、朝鮮半島に武力紛争が生起し、それがわが国に波及する場合を設想し、これを例題として非常事態に関するわが国防衛のための、自衛隊の運用およびこれに関する諸般の措置、および各自衛隊の年度防衛及び警備計画作成に資するとともに、米軍および国家施策に対する要請を明らかにして、防衛の諸措置の具体化を促進する資料とする」。

こういうことが書いてあるが、それでいいかと確めたところ（二一六七丁、二二六七丁）田中さんは「よろしい、結構です」と答えている。この想定は、実に現実に即したものである。たとえば、キューバだとか中印国境、ベルリン、南ヴェトナム、国内では、炭労の政策転換闘争、労働組合の春季闘争など、内外の現実の情勢を前提においています。想定に出てくるアメリカ軍の第二五師団だとか第七師団、第七艦隊、第一三空軍、第五空軍などの部隊番号、部隊名称みな実在のものであるということは二四六四丁から七丁まで田中証人が認めているとおりです。

ところで、三矢研究実施計画の想定をみるとわかるように、まず、地図を使って情勢などを示しながら、その中に第七艦隊とかの部隊名を表示している。そして実施計画の想定に書かれてない問題、想定には書かれてないが、こういう場合にはどんなことを頭に置いたらいいかという点については、ご丁寧に、「これは三八年度防衛計画を適用する」と明記され、それから「極東における彼我の兵力、配置は三八年度情報・情勢見積りのとおりである」と書いてあります。田中証人も、すでにこの三矢研究開始時点においてすでに、三八年度の防衛計画や情報見積もり、情勢見積もりはできていたと証言しています（二三一二丁）。これは三矢研究が現実の自衛隊の作戦計画にもとづき、作戦計画に関連して将来の作戦計画に資するために行われたものであることをはっきり示すものであります。

三矢研究で想定されている状況は「第一動」から「第七動」まであり、第一動では、韓国軍内に反乱がおきて、アメリカ軍が鎮圧のため出動するという状況を想定しています。実際、一九四八年一〇月、麗水をはじめとする各地で、韓国軍内一部の反乱という状況が現実にありました。また、最近では、一九六五（昭和四〇）年七月一日および一二月二四日付けの朝日新聞が、韓国の陸軍軍法会議は、一部将校の反政府陰謀事件について、国家反乱罪として死刑を含む重刑の判断を下したと報じております。だから、こうした韓国軍内の反乱という想定もまた極めて現実味のあるものなのです。

5 朝鮮戦争の戦訓

つぎに、朝鮮戦争の戦訓であります。だが、その前に知っておいていただきたいことがあります。それは、三矢研究が「大東亜戦争」開戦前のいろいろな教訓を取り入れているということであります。この三矢研究の文書の中に、一九四一（昭和一六）年七月二日の御前会議で決定された国策要綱（情勢の推移に伴う帝国国策要綱）を好凡例とするということが書かれているのであります。この七月二日の御前会議の決定には、服部卓四郎氏の『大東亜戦争全史』などによりますと、ひそかに対ソ武力準備を整えるということが一項目入っております。ひそかに対ソ武力準備を整えておいて、当時の参謀総長や外務大臣・松岡洋右、枢密院議長・原嘉道らが「ソ連撃つべし」ということを盛んに提唱し、そういう空気の中で関東軍特別演習という名目で、満州に大がかりな陸軍部隊の動員が行われた。これはこの七月二日の御前会議の決定によるものなのであります。ところで、当時の御前会議の決定はいくつかあり、七月二日、九月八日、一一月七日と、三回の御前会議が大東亜戦争の前にあるんですが、そのうち七月二日の決定だけを参考にしておる。九月八日と一一月七日の御前会議はいずれも対米英戦争に関するもので、七月二日のそれは対米英に備えながらの対ソ戦争に関するものだった。つまり三矢研究は戦前の対ソ戦争準備の方を参考にした。三矢研究の向いておる方向はやっぱり北方、すなわち対ソ戦であるという点で非常に共通していると思うのであります。

ところで、三矢研究の想定は、一九五〇年から五三年にかけての朝鮮戦争の部隊運用に関するいろんな戦訓を、おのずから充分に取り入れてつくったんだということを、田中証人は認めています（二四九九丁）。そして、陸上自衛隊幹部学校の戦史教官に朝鮮戦争を研究させ、当時教材ができていたということを言っています（二二〇五丁）。最近この教材が、一般啓蒙のためと称して出版されました。これは「陸上自衛隊幹部学校戦史教官室編」です。ほかに、『朝鮮戦争』という本もあります。

朝鮮戦争はアメリカ軍、特にマッカーサー将軍の最後の目的たる、朝鮮北部ないし中国東北部占領が達成できずに失敗した戦争であると思います。ウェデマイヤー中将、ブラドレー大将、アイゼンハワー元帥、クラーク大将らはいずれも、アメリカがいかにこの戦争で苦労したかということを述べていますが、これは時間がないので記録二五〇二丁の当弁護人の尋問の該当箇所をご参照願いたいと思います。一つだけ紹介させていただきますと、停戦協定に署名したクラーク大将は、「私は勝利を収めることとなくして休戦協定に署名するアメリカ最初の将軍になった」と言っています。これは林克也著『極東軍事戦略』（新日本新書）の二二頁、五六頁に出ています。

このようにアメリカの将軍は四人ともこの戦争は失敗だったということを語っている。また林克也氏も著書で引用している資料によると、朝鮮戦争における国連軍の損害は、戦死、捕虜が六六万一〇〇〇名、撃墜、撃破、捕獲された国連軍の飛行機七三三三機、これは太平洋戦争中のアメリカの飛行機の損害四五三〇機を上回っている。朝鮮、中国の軍隊は太平洋戦争中の日本の軍隊よりももっとアメリカの飛行機を撃墜・破したわけです。

アメリカは、その敗因をどう分析し教訓を引き出したか。私はこう思います。第一に、アメリカは朝鮮で核兵器を使おうとしたが、小島弁護人が言われたように、ストックホルム・アッピールにもとづく署名に結集した全世界的な平和愛好人民の抗議にあって使えなかった。それで次はなんとかして核兵器、特に戦術核兵器を使うようにしたい。これが三矢研究に反映されている。

第二は、日本の自衛隊が参加しておれば――日本の兵隊は朝鮮の地形にもくわしいし、顔も似ているし、ことばもわかるから――もっと有利だったに違いない、そこで今度は自衛隊を協力させたい。以上の二つが教訓となったのでないかと思うのであります。そこでこの教訓をもとにアメリカは日本自衛隊の参戦を希望し、日本に要求してきたのだと思います。そして、日本の防衛庁は、これにこたえるために三矢研究を行ったにちがいない。私たちは諸般の事情からそう推定するものであります。

しかし、あの朝鮮戦争の時、アメリカに協力した各国の軍隊がどういう運命をたどったかということは、アメリカ軍に全面協力する日本の自衛隊にとっても一つの他山の石であります。さきほどの林氏の著書からこの朝鮮戦争の時の一、二の例をあげておきましょう。一九五〇年一一月から一二月にかけて中国人民志願軍は「抗米援朝」の旗印をかかげて、アメリカ軍に対して戦闘行動を行ったのです。この中国義勇軍の参戦にあって、国連軍が撤退する際、米軍はまっ先に逃げた。そうしてその後を、後衛のイギリス陸軍の二九九師団が守って、ほとんど全滅したのであります。それからフランス、オランダ、ギリシャ軍はアメリカ軍が原州を撤退する時の後衛部隊にあてられて壊滅的打撃を被った。トルコ旅団四五〇〇名は一九五〇年一一月二四日に総反撃を行ったが、その最前線に投入された兵士の四〇パーセントが戦死、あるいは捕虜になった。残りは三八度線に後退した時に、ここでまた後衛部隊を担わされて、ここでとうとう全滅してしまいました。フィリッピン軍はどうだったか。独立編成が許されず、アメリカ軍部隊の中に分散編入された。新式兵器は一切与えられず、給与待遇は最低であった。韓国軍に至っては、まっ先に最前線に投入され、逃亡する部隊にはアメリカ軍が大砲の砲撃をあびせた。こういう実情でありま す。だからその後は連合軍の足並みが揃わなくなる。アメリカは先に逃げているが、われわればかりが犠牲にされているじゃないかということで、朝鮮戦争の停戦への動きが促進された大きな要素になった。これは今日周知の事実でもあります。もし日本の自衛隊が実戦でアメリカ軍に全面協力してやっていくなら、これら各国の軍隊と同様の運命をたどることになるのではないかと、私は強く懸念するものであります。

6 在韓国連軍に対する協力

ところで、三矢研究第一動においてアメリカ軍が国連軍という名前で軍事行動をおこすということが書いてありますが、これに伴って、日本の自衛隊はどのように行動するのか、またその際のアメリカ軍と自衛隊との作戦の関係はどうなるのかという問題があります。第一に、すでに一九五一年二月一日の国連総会の決議により、国連加盟国は「国連軍」と呼ばれるアメリカ軍指揮の連合軍に協力することになっています。日本は一九五三（昭和二八）年に加盟しましたから、この決議の拘束力を受けています。第二に、一九五一（昭和二六）年九月八日、単独講和条約および安保条約の締結に伴い、吉田茂総理とアメリカ国務長官アチソンとの間で交換公文がとりかわされましたが、その中で「国際連合の行動にアメリカ軍が従事する場合においては日本国及びその付近においてこのような国際連合の行動に従事する軍隊を維持することを日本が許しかつ容易にする……」ということを約束しています。

しかし、この二つだけでは、まだ日本自衛隊が在韓国連軍の行動に具体的に協力し出兵する根拠としては不充分だというので、急拠一九六五（昭和四〇）年に結ばれたのが日韓基本条約であります。この基本条約締結の際の日韓共同声明の中に「両国は条約の文言にあらわれているといないとにかかわらず両国の義務を確認し」という文言があります。これは秘密協定の存在を疑わしめるに十分ですが、その点はしばらくおくことにして、基本条約の明文のみについてみても次のような問題点がある。まず、日本政府は大韓民国を唯一の合法政府とみなす。したがってもう一つの政府、朝鮮民主主義人民共和国政府——以下「共和国」といいます——これは一種の「叛徒」とみなされることになります。第二は、「国連憲章を全面的に尊重する」という表現をもちいて、在韓国連軍に対する協力を約束したのであります。在韓国連軍とは一体どういう性格の軍隊であるのか。午前中の吉原弁護人も在韓国連軍については、これはもう特別だと言ったとおり、一九五〇年六月二七日、常任理事国のソ連代表が欠席しているにもかかわらず、国連の安全保障理事会は、ソ連を除く四ヵ国の常任理事国の出席のみによって「武力攻撃を撃退するに必要な援助を韓国に与えることを勧告する」旨、強引に決定したのです。これが厳密な意味での国連軍でないことは国際法学者の定説であるし、またたとえば、防衛庁の防衛研修所員の笹部益弘氏のような立場の人さえ、在韓国連軍はいわば「国連有志国軍」であると、国連軍ではなくて有志国軍であるといっているくらいです（『防衛年鑑（昭和四〇年版）』三三頁所収論文）。在韓国連軍の指揮権はアメリカの軍人、具体的には在韓米軍司令官、もっと具体的にいうと米第八軍司令官が兼任してもっておるのであります。韓国軍その他の諸国の軍隊はいずれもアメリカ軍人の指揮下におかれています。そして、国連軍はその行動を国連ではなくて、アメリカの政府に報告し、アメリカ政府をとおして国連安保理事会に報告するという異例のかたちをとっているのであります。国連のいかなる機関も、在韓国連軍に対して直接の戦略的、作戦的コントロールを行いえないのです。指揮系統はどうかといえば、アメリカ大統領―国防長官―統合参謀本部議長―陸軍参謀長―国連軍司令官ということになります。「国連軍」とは名ばかり、実態はアメリカの指揮する「反共諸国有志連合軍」にすぎません。そしてこの国連軍は、核武装をととのえて、いまもなお朝鮮南部に駐屯し、共和国と対峙しています。『防衛年鑑』所載の前掲笹部論文によれば、在韓国連軍は陸軍の五〇・三二パーセント、海軍の八五・八九パーセント、空軍の九三・三八パーセントがアメリカ軍であります。

ところで、三矢研究第一動において、こういう国連軍が軍事行動をとる場合に日本自衛隊がそれに伴ってとるべき行動はどうか。この点、三矢研究の文書二六ないし二九頁には「自衛隊が朝鮮戦線支援のため米軍と協同作戦を実施する」とはっきり書いてあります。また「アメリカ軍との有機的協同態勢」ということばもあります。さらに「自衛隊の協力作戦」、こういうことばも書かれています。そして、「自衛隊は可能なあらゆる対米作戦協力を積極的に展開し、もって朝鮮戦線における米軍の勝利を早める」ということで、まさに全面協力であります。

このような朝鮮への自衛隊の出兵に根拠を与えたものが日韓基本条約であります。三矢研究文書中の「現状勢の推移に伴う国策基本要綱」の第一にあげられているのが、ほかならぬ「すみやかに日韓国交回復を実現する」ということばなのであります。三矢研究を実施した自衛官たちは、明らかに日韓国交回復実現、日韓基本条約の締結を要求し、期待し、かつそれの実現が間近いことを予定して、その実現のうえに実施さるべき、きわめて現実性のある作戦計画を立てていたのであります。

日韓基本条約が、そのような自衛隊の朝鮮派兵をもたらすものであることについては、さらに次の事実を指摘したい。韓国の丁一権国務総理は韓国国会においてこう述べています。「もし北朝鮮が再び南進してきた場合、日本がいかなる役割をするかということはあくまで日本政府が決心すべきことがらであるから私はこの席で断定していうことは難しいが、しかし韓国に駐屯している国連軍は再び南進があるときには即刻自動的に報復する義務を負っている。したがって、日本が国連において自由陣営の一員であるなら国連軍の中で継続して貢献があるものと予想される」（朝日新聞昭和四〇年八月九日）。さらに四〇年八月一二日の丁一権国務総理の発言、「日本は、北朝鮮が、戦争を再開した場合には、韓国を援助するため、在韓国連軍に参加するかもしれない」。また、日本経済新聞が防衛庁筋の見解として伝えるところでは、「日韓条約により日韓台の三国が一本に結ばれることにより自由陣営の極東防衛線にすきまがなくなるばかりでなく、日韓両国は防衛において一心同体の関係になる」ということなのです（日本経済新聞昭和四〇年四月六日）。

7　統一号作戦について

さらに、三矢研究「実施計画」の一一頁、「第七動の研究の概要」というところには「統一号作戦」という作戦の名称が出てきます。そこには「統一号作戦準備ならびに同作戦の発動にともなう自衛隊の運用」が書かれています。このような作戦の呼び方は、現実の日本の旧軍および防衛庁における作戦計画の呼び方のようにみられるものです。太平洋戦争の末期、昭和一九年一〇月、日本の大本営は米軍がフィリッピン、台湾、沖縄、日本本土にそれぞれ来攻した場合の四つに分けて作戦計画を立て、それぞれ捷一号、二号、三号、四号という呼称をつけていました。現実には米軍はレイテ島に来攻したため、捷一号作戦が発動されたのです。

田中証人は、当公判廷で弁護人の質問に答え、この「統作戦」にも統一号のほか統二号、統三号がありうるということを認めました（二九八九丁）。さらに、その内容を問うたところ、現実の作戦計画に関係するからと言って証言を拒みました。そして防衛庁長官も、ついに右の証言を許可しませんでした。第七動は最終の段階ですから、この統一号作戦は、自衛隊が最も緊密に米軍に協力し、最も積極的な行動をとる作戦だろうということは、容易に推定できます。

8　アメリカの期待

最後に、アメリカがいかに日本の「三矢研究」に期待をかけていたか、また満足していたかということにふれたい。小谷秀二郎という防衛研修所教官の講演が、鹿島研究所の『日本の安全保障』という書物に載っています。小谷氏がアメリカへ行った時の帰国談として「アメリカのランド・コーポレーションというアメリカ軍部が委託している民間の研究所では専門家がグループをつくって第二次朝鮮戦争がおこったときに日本は一体どうしてくれるのか。前の朝鮮戦争のときのような役割では困る、もっと積極的役割を演じてほしいということを研究している」ということを述べています。このことを裏づけるように、米国国防次官ギルパトリック氏が、三矢研究の行われる直前の三八年二月に来日し、二月七日、池田勇人総理、志賀健次郎防衛庁長官、林敬三統幕議長と会談しているのであります（二一一三丁）。

林統幕議長はギルパトリック次官との会談の内容を田中統幕事務局長に話しているのですが、

その内容について田中氏は外交上、防衛上の秘密ということをタテに、ついに証言を拒否しました。しかしギルパトリック氏は、アメリカに帰国した直後の一九六三（昭和三八）年四月一七日、オーバーシーライターズクラブで次のように発言しています。「米国は日本が太平洋西北部の防衛負担をこれまでより多くうけもってほしいと考えている」、「日本は将来、朝鮮半島の一部を含む区域を守るのに十分な監視戦力をもつものと期待している。そうなれば韓国にもう一度紛争が起った場合にも、アメリカの師団の再増強に期待しなくてもいいだろう」（世界週報一九六三年五月七日号）。このことからみて、三矢研究は、当時来日したギルパトリック氏が代表するところのアメリカ政府、軍部首脳と相通じてなされたものであることが明らかです。また、三矢研究の本質は、第二次朝鮮戦争が起きた際に、アメリカ師団の増強のかわりに自衛隊を朝鮮に派兵するというところにあったことが明らかに推定されるのであります。

ここで若干補足しておきたいと思います。まず、三矢研究について統幕事務局レベルの方から在日米軍事顧問団に対し、こういう研究があるということを伝えたかと思う、ということが田中証言（二〇一九丁）で明らかになっています。さらにいわゆるFTC（フリー・トーキング・コミティ）、FTS（フリー・トーキング・サブコミティ）、こういう日本の防衛庁統幕とアメリカ軍との間の協議機関の中でも米側に話しておる（二三二三丁）。こうして、対米関係事項については別途米側と協議を行うという、三矢研究の実施計画の中に書いてあるとおりのことが実際に行われている。しかも、重大な証言として、府中の在日米軍司令部の第二部長ランプキン陸軍大佐、第三部長ブリッジス空軍大佐、第四部長ビッセンシャフト海軍大佐、この三人を中心とするアメリカの高級幕僚が、この三矢研究に参加しているということが、田中証人の口から明らかになってきました（二二八六、二三〇六丁）。これは国会でも、防衛庁が答弁しなかった重大な事実であります。

一九六三（昭和三八）年のこの三矢研究に至る間、どういう情勢の中で、こういう研究が行われたかということについて、私なりの判断を申し上げたい。この前の年の三七年八月一日、日米安保協議委員会が開かれました。これは田中証人が統幕事務局長になった直後である旨、ご本人が述べています（二二九九丁）。主要議題は日韓会談と防衛駐在官の相互派遣、日韓防空共同体制だったことが同年一二月の東京新聞で報ぜられている。こうして、この日米安保協議委員会のあとの日米共同声明には、自衛隊の力が強化されたということ、それから在日米軍の力をほかの方面に移すということが入っています。これは田中証人も認めておるところであります。そしてこの年の秋、キューバで一つの紛争が起きている。三七年の秋、渡米した志賀防衛庁長官がマクナマラ国防長官と会談をしております。そうして、三八年一月にまたまた安保協議委員会が開かれ、同月、池田内閣がアメリカの原子力潜水艦の日本寄港を認める。そしてギルパトリック次官がやってくる。こういう情勢の中で行われた三矢研究なのです。アメリカの極東戦略、特に朝鮮に対する日本自衛隊の出兵ということがアメリカ側の重要な注文として出され、これに応じてなされた研究だということは、常識ある者ならば誰にでも推定できるのであります。

9 最近の軍事境界線の状況について

なお、三矢研究の設定したこうした想定がきわて現実性の高いものであるということを証明するため、最近においてひんぱんに起きている朝鮮半島の軍事境界線およびその付近における米軍、韓国軍と共和国軍との武力衝突の事実を指摘しておきたい。これはちょうど一九五〇年に朝鮮戦争がはじまる直前の三八度線の状況ときわめて似ております。また、三矢研究において自衛隊が想定している状況と近似しています。三矢研究に書かれていることは、きわめて具体性、現実性をもっており、三矢研究は自衛隊の実態判断に欠かせぬものであるということを申し上げた次第であります。

もう一つつけ加えておきたいことがあります。政府はこの三矢研究について、制服組が勝手にやったことであると言い逃れをするかもしれません。それに対しては、ここで具体的な事実をお示ししておきたい。それは田中証人が証言（二八〇五~二八〇七丁）で認めていることであります。すなわち、三矢研究が政府から逸脱した独走による研究だったのであれば、なぜ三矢研究に関わった者全員を懲戒処分にしなかったのか。三矢研究を行ったことを理由とする懲戒処分は行われなかったのであります。ただ、秘密をもらしたということを理由にする懲戒処分が、昭和四〇年九月一四日付で行われたのです。したがってそれは、ごく軽い処分であった。免職はおそらくたった一名、それも空幕の人で、防衛力整備計画、国防基本法、三矢研究、この三つに関する秘密漏洩の責任を問われました。三矢研究だけに関わった者からみれば、お前が隠していればよかったのに、漏らした責任があるからということで、懲戒になった。秘密が漏れなければ三矢研究をやったものは懲戒されなかった。ということは、三矢研究は政府の暗黙の承認のもとで行われたのであって、決して一部制服組のはね上りによるものではないということを申し上げておきたい。

三　自衛隊と米軍との関係

1　米極東戦略

自衛隊は、アメリカの戦略体制に組み入れられ、その戦略に従属し、その一翼を担わされている。自主性に乏しく、自衛の軍隊とさえ到底いえず、むしろある意味では「他衛の軍隊」と呼ぶべきものである。アメリカの現在の極東政策は、安田弁護人、浜口弁護人等から明らかにされたように、ヴェトナム全土で人民を殺戮し、焼き、破壊し、朝鮮軍事境界線で軍事挑発を行い、中国の領空および領海を侵犯するなど世界の平和を乱す根因をつくっています。そういうアメリカの戦略とかたく結びつけられているのが自衛隊の重要な側面である。自衛隊を米極東戦略に結びつけているのは、法的には日米安保条約です。安保条約によって、日本はアメリカとの相互防衛義務が科せられ（五条）、また防衛力の維持のみならず増強をも義務づけられた（三条）のであります。

2　警察予備隊

このような自衛隊の性格は、すでに新井弁護人が指摘されたとおり、遠く警察予備隊に由来するのであります。警察予備隊はアメリカの朝鮮戦争遂行の必要から、占領軍マッカーサー司令官の一片の書簡により、設置を命令されたものであります。

警察予備隊では号令も最初は英語であった。『エコノミスト』昨年五月一七日号に載った増原恵吉・警察予備隊初代長官の談話によると、「最初は総司令部顧問団に属する米軍の将校、下士官などがキャンプへ行きましてね、号令を英語でかけたこともありました」。通訳が号令を直訳し、「カシラ右」を「マナコ右」とやったものだから隊員の中には頭は右へ向けずマナコだけ右へ向ける人もいた。武器も、典範令も、指揮官も、兵舎も、皆アメリカのものだったといわれています。一九五〇年、アイケルバーカー第八軍司令官は、『ニューズ・ウィーク』誌上で、米兵は世界でいちばん高くつく（各国ごとに兵隊一人当りの予算額を計算する。日本の防衛庁もやっております。その額はアメリカがいちばん高いということです）が、日本人は世界でいちばん安上りの歩兵だ、日本では天皇が命令すれば、すぐ二〇〇万、三〇〇万の精鋭な軍隊ができると語っています。またアイゼンハワー米元大統領は、一九五二年一二月、アジア人をアジア人と戦わせるのだとも言いました。また、安保改定時の一九六〇年、米上院外交委員会でラッセル議員は「われわれは、他のどの諸国よりも日本人が立派な兵隊であることを知っている。自由世界は、今日、世界平和を維持するために相当数の日本兵を有利に使うことができる。そうすることの方が、日本国憲法のこの条項（弁護人註、第九条）よりも世界平和のためにより現実的な貢献となるだろう」と述べております。

アメリカが何を望んで日本の軍隊をつくったかは、これによってはっきりします。警察予備隊は、保安隊、自衛隊へと変わってきましたが、このようなアメリカへの従属性は基本的には変わっていません。

3　軍事顧問団（MAAG－J）

在日米軍事顧問団は、一九五四年三月のＭＳＡ協定第七条にもとづき設置された機関であります。その任務は、『防衛年鑑』によると、第一が装備品供与計画および訓練計画の立案、第二が防衛問題に関する助言、第三が供与装備品の使用状況の調査、第四が援助の成果などに関するアメリカへの報告、つまり日本の自衛隊が使っている武器や、自衛隊の訓練を監視して、どんなふうに行われているかを本国に報告する、ということであります。実に執念深く、物を貸したら、その使い方がどうかまで干渉するような国です。そして、このアメリカの軍事顧問団について、増原恵吉元保安庁次長も、国会答弁で「アドヴァイスというかたちで、相当立入った、事実上干渉命令に近いことが、まま、なくはなかった」と認めているのであります。

野崎健之助さん（野崎健美、美晴両氏の父）の話によると、島松演習場では、演習が終わったあと夕方になると、十数メートルの高さに達する炎が立ちのぼり、三十数秒くらいで消える。野崎さんが北部総監部の幹部に確かめたところ、それはその日の演習で使い残した火薬を燃やしているのであるという。自衛隊は火薬庫をもつことを許されないので、持ち帰れないのだという。「だれが許さないのか?」と訊きますと「米軍事顧問団だ」と答えた。「それでは自衛隊は土民軍ではないか」と野崎さんは言ったといいますが、まったくそのとおりではありませんか。

自衛隊の装備品中、全体の金額の八〇パーセントがアメリカからの供・貸与品。中でも弾薬は九八・五パーセントが供与品ですから、最も肝腎なところはアメリカに握られているのであります。

4 共同演習

昭和三二（一九五七）年五月から三五（一九六〇）年三月までの間、海上自衛隊と米海軍との合同演習は九回行われています。それ以後については、参議院決算委員会（四〇・三・一八会議録七号一四頁）において海原防衛局長の答弁したところによりますと、海上自衛隊は、三六、三七、三八年各一回、三九年には三回。航空自衛隊は、三五年に七回、三七年に三回、三八年に四回、三九年に三回にわたって米軍と共同演習を行っていることが明らかになっています。

三七年一〇月には対馬水域で海上自衛隊の対潜作戦の演習が行われましたが、これは田中証人も認めたように毎年秋に行われるそうであります（二五二八丁）。アメリカ、南ヴェトナム、タイ、フィリッピン、国民政府（台湾）、韓国および日本の西太平洋全域演習の一部として行われたものであります。西太平洋全体を一つの水域とみてアメリカの海軍は演習なり戦略を実施しているのであります。三八年九月、島松演習場を含む北海道全域で行われた自衛隊統合大演習いわゆるオーロラ演習は、米第七艦隊の参加（上陸支援）のもとに行われました。四〇年二月二日から八日まで、これも田中証人が証言で統合演習と認めておりますが、日本全域で、陸海空三自衛隊の統合演習が行われました。これも米軍と共同で行われており、しかも米軍のヴェトナム北部爆撃と相呼応して実施されています。

同じく四〇年の六月二〇日から二一日にかけて、米第七艦隊、第五潜水戦隊と日本の海上自衛隊第三護衛隊群との共同演習が、対馬海峡から日本海域で行われました。対馬海峡というのは、三矢研究文書にもあるように、ソ連の潜水艦が太平洋へ出るのを封鎖する水域なのであります。

今のヴェトナム情勢に関連させて考えますと、たとえばヴェトナム人民を援助する武器、物資などを輸送するソ連船が仮にナホトカから出港して南へ向け航行するとした場合に、これを対馬海峡で抑えるという想定もできると思います。こうした対馬海峡封鎖という「三矢研究」に織り込まれた作戦構想から考えてみますと、この対馬海峡での米日両海軍の共同演習は重要な事実であります。

さらに、四〇年一二月二二日には、米第一潜水戦隊の旗艦空母ホーネットが佐世保に入港しました。この第一潜水戦隊は、一二月一六日から一九日まで、日本海において韓国海軍と共同演習を行ったのであります(毎日新聞四〇年一二月二二日)。戦隊司令官オーランド少将は、佐世保で記者会見を行い、「今度の合同演習は、米、韓、それと日本の海上自衛隊も一緒にやる予定だった。しかし、日本側の都合で今度は一緒にやらなかったのだ」と話しました(毎日新聞四〇年一二月二三日)。ちょうど日韓条約強行成立の直後であります。そういう時期に日本近海で、こともあろうに米韓日の三国海軍が合同演習をしたとあっては、日韓条約の軍事同盟としての本質がさらされてしまうと考え、このときばかりは遠慮したと思われます。しかし今後は、この種の合同演習は必ずひんぱんに行われることになるでしょう。

ところでこの機会に、海上封鎖の意味についての中山定義元海幕長の講演について、述べたいと思います。この点、田中証人もそういう話は何べんも聞いているということを述べております

（二五三二丁）。その要点をもう一ぺんここでお話ししたいと思います。これは鹿島研究所から発行されている『日本の安全保障』という書物の七三七頁以下に書いてあることなのですが、中山さんはこう言っています。

「潜水艦をやっつけるというのは、今のアメリカ海軍、及び私らの方（海上自衛隊）の至上命令になっている。潜水艦があばれると自由圏が非常に困る。何とかしておさえなければいかんというのが至上命令となっている。船も飛行機もあらゆるものを動員する。真剣にアメリカと一緒になってやっていく。自由圏のアメリカの一つのよきパートナーとなって、潜水艦をやっつける非常に強い力になるということを私らは思っているし、アメリカも非常にそれを期待しているわけである。ウラジオ付近に一〇〇位の潜水艦があるといわれている。それが野放しで日本の三つの海峡から太平洋に出ていって海洋国のコミュニケーションをずたずたに切られるということ、もう一つは日本やアメリカの海岸に近づいて攻撃をやる、これは我々の一番おそろしい頭痛のたねである」。

つまりここにおいては海上自衛隊は、今はもうアメリカの海軍の戦略に完全にくっついている。田中義男証人が反対尋問で、親崎検事の質問に対し、親崎検事がさかんにしつこく訊いたために、国内的にはこの海上封鎖は自衛権だ、というようなことをはっきり言いましたが、では国際的にはどうかというと、国際的にも自衛権だということは言えなかった。彼が一貫して言っているのは、一つの軍事行動、一八〇〇何年かのロンドン宣言第一条の……軍事行動、……と言っています。これははっきりとアメリカの戦略に完全に服した軍事行動として行われるのであります。それは今紹介した元海幕長の話によって明らかなのであります。

5 総理も国会も知らぬ間の出動

以下に述べる⑴〜⑵については、先ほど引用した林克也さんの著書と、証人に予定しておりました高橋甫氏の著書『ミサイル戦争と自衛隊』、それから⑷については、当時の朝日新聞の記事にもとづいています。

⑴ アメリカ第五戦術空軍の司令部は府中にあり、同空軍管下の韓国、台湾、沖縄のレーダーは、みな府中に直結しています。だから、かりに韓国で警報が発令されると、自動的に航空自衛隊にも警報が発令されるしくみになっています。

⑵ スエズ・ハンガリー問題が緊張の極に達した三一（一九五六）年一一月四日、極東米軍は臨戦体制をとり、その中で、米、日、韓の三国共同防空演習が行われました。航空自衛隊の若干の幹部（当時は源田実空幕長）は、極東空軍司令官キューター大将の命令で出動し、軍事的な行動に入りましたが、このことは防衛庁の幹部はもとより、国防会議の責任者たる総理大臣も知らなかったのであります。

(3)　さらに三三年秋、金門・馬祖両島をめぐる台湾海峡の緊張時に自衛隊は同じように準軍事的行動をとっています。

ここで私が特に「準」ということばを使ったのは、鉄砲を実際に撃つ、大砲を撃つ、こういう行動には至らなかったということであります。そもそもこれが準軍事行動の意味であります。

(4)　三六年四月「韓国郡山上空に北朝鮮機三機進入、F86Fこれを迎撃中」との報が在韓米第三一四航空師団から府中の在日米第五空軍司令部に入った。これにもとづき同じ場所にある自衛隊航空総隊司令部は、全実動部隊に警戒警報発令、全隊員非常召集、出動準備体制をとらせています。

(5)　三七年一〇月二三日、キューバ海上封鎖を契機として、世界各地の米軍爆撃機の戦略空軍指揮下のミサイル部隊が緊急戦略体制に入りました。日本の防衛庁でも空幕長松田空将の名前で「キューバ情勢が悪化したので国際緊張が高まった」として、全国二四ヵ所のレーダーサイトと千歳、新田原、小牧、小松、松島の各ジェット戦闘機隊に対して、警戒体制を指示しました。この点は、昭和三八年度の『防衛年鑑』の年表（一一〇頁）でも、三七年一〇月二三日の箇所に「在日米軍警戒体制、航空自衛隊即応」と記載されており、田中義男証人も、当時統幕事務局長として空幕長の松田空将から「ただいま警戒体制に入りました」という報告を事後に受けたということを認めております（二四七五丁）。この航空自衛隊の行動については、当時の池田勇人総理大臣もあとになって知らされたことが、国会における社会党の飛鳥田一雄議員の質問で明らかになりました。

ところで在日米空軍と航空自衛隊は、司令部も近いところにある。もう隣り合わせであるということは田中証人も認めておる（二四七三丁）。府中のアメリカ軍第五空軍司令部の中に航空総隊司令部、三沢の米軍司令部の中には北部方面の司令部、板付ではアメリカ軍と西部航空方面隊、埼玉県入間ではアメリカ空軍と中部航空方面隊、これがそれぞれ同居しております。

(6) 以上の諸事実は、自衛隊のなかでも航空自衛隊がアメリカ軍とかたく結びつき、その指揮下にあることを示しています。野崎健美君の第四回公判における陳述によると「第二航空団のある群司令は、私と父および立会人の前で『私たちは三沢の米軍の指揮下にある。だからたとえ、あなたたちに被害があっても飛べといわれれば飛ばなければならない』とまで言いました」ということです。これは自衛隊の本質を正直に告白したことばなのです。

源田実空幕長は三四年一二月二〇日の講演（前出の鹿島研究所の『日本の安全保障』所収）で次のように語っています。これは、この点についての私の尋問に対し、田中証人がいろいろな意見がありうるのだということで認めたことであります（二八〇四丁）。すなわち、航空自衛隊の任務はアメリカの攻撃力が飛び立っていく基地を守ることだ。日本がもし反撃をやるなら日本の反撃力を守ることだ。レーダーもその相当部分は、反撃勢力を目標に誘導する。また、帰りも誘導してやることである。第二次戦争当時の日本の防空部隊みたいなかたちでただ守るだけ、都市の防空、何の防空というような守るだけの型においてはたいした意味をなさない。その次に考えられるのは国土防衛であるが、これはそれに付随したものとして出るわけである。国土防衛なんていうのは付随したものだということなのである。日本は非常に前進した位置にある。全面戦争が始まった時に、最後は陸上戦闘で追撃しなければならない。「城下の盟《ちかい》」をさせるようなことがどうしても起こってくる。こういう場合に前進基地としての役割を果たす、要するに、主たる攻撃力、アメリカの反撃力そのものを最も有効に働かせることができるように日本が協力する、これが今の航空自衛隊の装備、兵力をもってやりうる最大のことである。

まことに明快に航空自衛隊とアメリカの関係を述べています。この鹿島研究所の『日本の安全保障』という本に収められた講演は、私らなどはとても入れないところでの講演でありますから、彼らは本当のことを述べている。そういう雰囲気と条件のもとで話されたもので、私は非常に信頼度が高いと思う。

ところで、検察官はさかんに文民統制とか国会による統制とか言って、文民である総理大臣や防衛庁長官、あるいは国会が統制できるというようなことを言っています。この点、すでに新井弁護人によって午前中に論破されたところでありますが、私があげたようなこうした事実は、全く文民統制がきかないことを示しています。角谷裁判官の質問に対して田中証人は、年度防衛計画について文民たる防衛局長の異論があるにもかかわらず、じかに長官のところに行って決裁を求めたことがあるということを証言しています（二九六八丁）。防衛局長が何と言おうと、とにかくこの自分らの案を通すという姿勢がうかがわれるのであります。自衛隊を統制できるのは、日本の「文民」や国会ではありません。アメリカ軍の指揮官がいちばん統制できるはずです。すなわち、シビリアン・コントロールにあらずしてアメリカン・コントロールであるのであります。

6　日米作戦調整所

三矢研究および田中証言の過程に現れ出たのが作戦調整所の問題です。

田中証人は、作戦調整所というのは事実上の日米統合司令部だと認めています。この問題はすでに、三矢研究前の昭和三六、七年頃から、毎年いろいろ研究を積み重ねてきて、三矢研究当時ある程度参加者にはわかりきっていたことだということを述べております（二四八〇丁）。証拠に出ている三矢研究の「対米関係事項」という文書の中には作戦調整所の設置の要件が書いてあります。これをみますと、「極東または極東以外の地域に武力紛争が発生し、日本に波及するおそれのある場合に作戦調整所を設置する」とあります。それでは「極東」とはどこか、という質問に対する田中証人の答えは、なんら具体的な限定はないということであります。また、「極東以外の地域」とはどこかという質問に対しても、とくに限定はないということです。つまり地球上どこで起きた紛争でも、「日本へ波及するおそれ」さえ米日両軍の統帥部で認めれば日米作戦調整所をつくることができるわけであります。これは、日本がアメリカの戦略の中に巻き込まれていることを示すものであります。

作戦調整所のレベルは、三矢研究および田中証言によれば三段階に分かれています。一番上が米太平洋軍司令部と防衛庁、ここで国防総省と防衛庁でないことにご注意願いたい。次が在日米軍司令部と統幕、三番目が在日米各軍司令部と日本の各幕、こういうことになります。ところで、三つの作戦調整所の設置場所がどこになるかという問題があります。まず、太平洋軍司令部と防衛庁との間の作戦調整所はハワイであります。つまり日本の自衛官がハワイのアメリカの司令部へわざわざ出向くかたちをとるわけです（二四七九丁）。次の在日米軍司令部と統幕の間の作戦調整所は東京の米軍施設内。在日米各軍と日本の各幕との間の作戦調整所も在日米各軍司令部内。これで果たして対等の調整かどうかおよそ察しがつくというものであります。何名の幹部を派遣するかということについてもあらかじめ決まっております。作戦調整所は、すでに日米間で具体的に話が進んでいるとみてよいと思います。名前は調整所ですが、その実態は統合司令部であります（二三二六丁）。もっとはっきりいえば、事実上、米軍が日本自衛隊を指揮する指揮所となる可能性が大きいといわなければなりません。これは次の三つのことから私が推論致します。

第一に、田中証人は、作戦調整所について「フリー・トーキング・コミティ（ＦＴＣ）、あるいはフリー・トーキング・サブコミティ（ＦＴＳ）という意見交換の機関以上のものですね」という質問に対し、そうですということを答えておる（二四八四丁）。つまり調整以上の関係です。推定の根拠の第二点は、米太平洋軍の情報の地位が高いという証言。これはまた三矢研究文書にも書いてあります。米太平洋軍の情報の地位は非常に高いということを言っている。情報の地位、情報の価値が高いものに、やっぱり従わざるをえません。

三番目、日本の防衛庁はかりに、太平洋軍と対等であっても、国防総省とは対等どころではない。

これらのことからわれわれは、これが事実上日本自衛隊を指揮する指揮所となる可能性は強いと推定致します。現に後で述べる「ブル・ラン作戦計画」では、米軍の指揮権をはっきり肯定しておるのであります。

日米共同作戦の場合、見落してならないのは、三矢研究文書の中の「用兵の基本に関する事項」であります。その中の第二項にこうある。「防衛出動を下令された部隊は、安保条約第五条の適用を受けない事態においても、わが国防衛上必要と認めた場合は、前号による」。この「前号による」というのは、日米作戦要領に準拠する、つまり日米共同作戦を実施できることになっております。こういう結論に至る説明資料には、安保条約第五条の適用なければ、共同作戦は実施できないという解釈は、「条約解釈からすれば正論であろうが、あまりに融通性がないものというべく日米共同防衛の基本線にのっとり、要綱のように決した」旨書いてある。これはつまり、日米安保条約第五条もも う邪魔だ、それにかかわらず、防衛出動を命ぜられた部隊は、日本領域での敵対行動のない場合でも、アメリカ軍指揮官と一緒に行動させるということであって、すでに日本の防衛庁は、憲法どころか安保条約第五条さえ邪魔になっているということを示している明確な証拠であります。しかも日米共同作戦調整所の調整事項の一つには、共同作戦をする時の、主なる指揮官の異動を協議致します。つまり、日本のたとえば第七師団長をどこへ回すか、護衛艦隊司令官を誰にするかというような指揮官の異動まで、アメリカといちいち調整することになる。これはアメリカの指図を受けることになりかねないということであります。こういうことが文書に書いてあり、証言でも認めている（二四七二丁）。

7　米軍の「指揮権」について

旧安保条約に伴う行政協定についての日米交渉の際、アメリカから出された最初の草案の二四条には「非常事態にさいしては、日本の武装力、警察力は、日本政府の指揮下からはなれて、アメリカ駐留軍司令官の指揮命令をうけることになる」と書かれていました。これをみて驚いた吉田茂、岡崎勝男らが必死に懇願し、結果的にこれは条文とされず、秘密了解事項となったといわれています。

また、日本の自衛隊の有力幹部にも、アメリカの指揮下に入らざるをえないという思想をもった「対米従属論者」がいるのであります。その一例が『日本の安全保障』に論文が出ている杉田一次元陸幕長です。杉田一次氏は、太平洋戦争中、シンガポール攻略作戦やガダルカナル島作戦の参謀をしておった人ですが、彼は第一次大戦から第二次大戦をへて戦後の今日に至るまでの戦史を概括して、数ヵ国の軍隊が共同作戦をやる場合の指揮権の変遷をえがいています。そして単一指揮官のもとに数ヵ国の軍隊の作戦が行われるのが戦史の一つの潮流であることを、彼なりに分析しました。

該当箇所を紹介しますと、彼はこう総括しています。「第一次大戦末期に、イギリス軍が、フランスのフォッシュ元帥というのを指揮官にしている。それから第二次大戦ではヨーロッパ、フランスのノルマンディ上陸作戦で、それから極東におけるマッカーサー軍のもとに、イギリス、オランダ軍が指揮下に入っている。それから、朝鮮戦争、こういった例で単一指揮官の出現がみられる。これが戦史上の一つのすうせいである」。杉田氏は「戦史的観察からすると集団防衛から考えると日本の防衛もこの範ちゅうから例外であることはできない。平素からその準備研究をするとともに国民に認識させておくことが必要である」と言っております。田中証人もそういうことに関連した戦史についての杉田氏の話を聞いたことを認めております（二四九五丁）。これは、アメリカの指揮下に日本の軍隊をおくことになるかもしれないから、平素から準備し、国民にもそのことを認識させておけという意味であると私は判断致します。

なお、在韓国連軍の司令官は米第八軍司令官が兼任しているのであります。自衛隊が在韓国連軍に参加した場合は当然にその指揮下に入ることになります。

また、あとでのべますように、「ブル・ラン作戦計画」では、はっきりと米軍の指揮権を認めております。米軍に対して従属的な自衛隊の地位は以上のような諸事実から明らかであると思うのであります。

8　米軍との関係を詳論する理由

私は、以上のようなことからなにを主張せんとするのか。それは単にアメリカに従属しているということだけを言いたいのではありません。それがのちほど論ずるところの作戦計画、教育訓練、編成装備等々の面からの分析とあいまって、自衛隊がアメリカに従属して海外侵略を企てている軍隊だということを論証したいというということなのであります。

四　自衛隊の核装備と核戦争準備

1　陸上自衛隊

陸上自衛隊の作戦基本部隊たる各師団を、旧陸軍より小型の、つまり一個師団九〇〇〇人という規模に編成したのは、一つには原子戦（核戦争）即応のためであります。以下、この陸上自衛隊について述べるにあたっての資料は、第一が冒頭で紹介した星野安三郎・林茂夫著『自衛隊』、それから第二は雑誌『世界』一九六六（昭和四一）年六月号所載の軍事評論家・吉原公一郎論文、それから『防衛年鑑』、『自衛隊装備年鑑』等です。

すなわち、原子戦争（核戦争）では、短時間に兵力の集中と分散ができることが不可欠の条件です。原子爆弾一発で、二個部隊以上が同時に破壊されぬように、タテに深く分散配置をする。攻撃に際しては同時に目標へ集中するという訓練が行われています。

一九六一（昭和三六）年一一月上旬、北緯三九度線に位置する岩手山麓で行われたのは陸上自衛隊大演習であります。この大演習の行われた事実は田中証言（二六〇二丁）に出ている。朝日新聞（一九六一年一一月九日）は、「戦術核兵器に対する防衛を演習行動のそこここにみせ」、「分散集中、攻撃と目まぐるしく変ぼうする新しい小型機動化の攻撃法」には「核攻撃に対する生き残り作戦」のねらいがあった、と報じており、当時の東京新聞も報じています。田中証人もこの演習では兵力が相当細かく分けられたということは認めています（二六〇三丁）。また放射能で汚れた地域を部隊が通過するにはどうしたらよいかについて防衛庁技術研究本部を中心に研究が行われ、放射能障害の治療剤がつくられ、原爆の爆発前と爆発後の処置が詳しく防護操典にのっています。

四一年二月二四日から二八日までの五日間、群馬県相馬ヶ原の第一二師団の司令部に東部方面総監部、第一師団、第一二師団の幕僚一五〇人が集まって図上演習を行いました。関東地方において敵と戦闘を行うという想定です。陸上自衛隊二万人のうち四分の一の五四〇〇人が戦死するという想定、そして放射能測定機が戦場に登場するという想定も立てられました。明らかに核戦争、戦術核兵器を使う戦争を想定したのであります。さらに、東富士演習場で最近問題になっているR30型ロケットは、将来一五五ミリ加農砲（カノン砲）などにかわって主力武器として登場するものであり、核弾頭装着可能な点に注目すべきであります。三矢研究では戦術核使用、つまり、直接戦場の目標に対して核を使う（二七二六～二七二七丁まで）ということが書いてあります。

しかしこれで全面戦争への発展を回避しうるという確たる根拠はないことを、田中証人も認めています（二三七〇丁）。また砲兵的用法が採用されるということを言っております。こうしたことと、R30というものの開発、それに特に今年に入ってから、このR30ロケットの演習を強化しようという動きがあることをあわせ考えますときに、日本の自衛隊は、将来戦術核兵器を使うための基礎的な訓練を始めたのではないかということが充分に推定されるのであります。

2　海上自衛隊

海上自衛隊では、艦艇に核弾頭装着可能な武器の搭載が行われています。まず、最近建造された護衛艦「あまつかぜ」(三〇五〇トン)にはターターという核弾頭用ミサイルが取り付けられています。つい最近四一年一一月二三日から一週間、海上自衛隊はこの「あまつかぜ」を沖縄に派遣しました。これは新聞、テレビ等でご承知のとおり。そして沖縄近海で、米海軍と合同のターター発射訓練を行っています。これに対しては沖縄の人たちが猛烈な反対運動を行いました。また、昭和三九年度防衛予算の重点項目として、対潜ロケット魚雷アスロックを装備する二〇〇〇トン級攻撃型潜水艦があげられています。アスロックは核弾頭装着可能の潜水艦攻撃用ロケット魚雷であり、核武装へのみちをひらくものです。

四一年一月二五日付けの毎日新聞によると、三七年度からはじまった「第二次防衛力整備計画(二次防)」のなかで、水上艦艇である護衛艦にアスロックを装備することも計画されてきましたが、最近護衛艦「やまぐも」に搭載されるに至ったということであります。

3　航空自衛隊

航空自衛隊の主力戦闘機Ｆ104Ｊは時速二〜三・四マッハ。胴体下面に九〇〇キログラムの爆弾を積み、サイドワインダーなどのミサイルをもち、航続距離は三二〇〇キロ。中国東北地域も行動範囲に入ります。これはもちろん、原爆搭載可能機であります。

4　対空ミサイル、ナイキ・ハーキュリーズ

ナイキ・ハーキュリーズ——以下ハーキュリーズと略します——は、地対空ミサイルであって、核弾頭を付けられるということは今日、軍事上の常識であります。田中義男証人は「ハーキュリーズに核を付けて、日本国土内で発射した場合、どういう惨禍をもたらすと考えるのか」という弁護人の質問に対し「核弾頭を付けられないような兵器は優秀な兵器ではないのだ」（二七三四丁）とか「防衛のために使うのだ」（二七四六丁）とか「原爆は小型化されてゆく傾向にある」（二七四七丁）とかいう形で問題をそらしています。しかし田中証人もハーキュリーズは核弾頭付きだということは容認したうえで答弁をせざるをえないのであります。

ところでハーキュリーズの性能は射程が一三〇キロ。自衛隊はこれを九州福岡の近くの雁ノ巣というところに設置しようとしています。そうして、雁ノ巣に設置しようとすると、地元の社会党が反対し、アジ演説をやる、というようなことを想定した「竜作戦」というものを予定してい

る。この雁ノ巣から一三〇キロと申しますと、南は熊本、北は対馬の厳原、東は山口県の長門、こういった地域まで核の危険にさらされることになります。

射程一三〇キロというのは『防衛年鑑』に出ている性能ですが、これを仮に北の方、北海道の稚内、宗谷岬に設置したと致します。これをコンパスで地図上ではかりますと、大泊を含め樺太南部が射程内に入ります。六〇キロメートルの宗谷海峡をはるかに越えて樺太南部も射程に入ります。

次に、ハーキュリーズを西の方、日本の領土でいちばん朝鮮半島に近い対馬の北端に設置したとするとどうなるか。朝鮮海峡を幅五〇キロメートルとしても——もっと狭いと思いますが——一三〇キロといいますと、はるか朝鮮南部、具体的には慶州、大邱、馬山、釜山、蔚山というようなところが全部射程内に入ります。核の範囲に入るわけです。

高空を飛ぶ飛行機を落とすために通常弾頭の高射砲を使っても当たらないということは、第二次世界大戦の経験がよく示しています。ましてや、飛行機のスピードが音速の二倍になったこんにちでは、通常弾頭の対空ミサイルを飛行機そのものに命中させることはきわめて難しいのであります。そこで核を装置することによって、飛行機にもろに当たらなくても飛行機のまわりに、ちょうど空気銃の散弾のように核を散らして、この核爆発によって飛行機を落とすというやり方が考えられる。それが、対空ミサイルに核を装置するという問題なんです。これで飛行機の撃墜率は、通常弾頭よりも上がります。だから、対空ミサイルに通常弾頭も付けられるし、核も付けられるという場合は、核をつけるに決まっています。飛行機はよく落ちるかもしれませんが、日本国民はたまったもんじゃない。われわれ日本国民の上に大きな惨禍をもたらすことになるのであります。

しかも、ナイキやホークで何を守るのかというと、米軍基地を守るのであります。何故そういえるのか。三矢研究の「昭和三〇X年七月二一日一八時発の陸上自衛隊、陸上幕僚長大森寛名儀の陸上自衛隊行動命令」、略称「三矢陸乙行防命第一号」には、「北部方面総監、東北方面総監、および東部方面総監は、所要の高射特科部隊をそれぞれ、千歳、三沢及び横田の航空基地に配置し、防空を準備せよ」とあります。この高射特科部隊にはナイキも含むというのが田中証言であります（二一九〇丁）。これら「千歳、三沢、横田」とは何でありましょう。これらは、いずれも米空軍基地であります。どうしてアメリカの基地ばかり守るのかという質問に対して、田中証人は、「それはもう防衛計画でちゃんと出来ております、これは米軍の方は対空部隊を持っていません、そこで必要と判断すれば、こちらから援助してやるのだ」というのであります（二一九〇丁）。日本の国民を守るのじゃなくてアメリカの基地を守るためにこれを発射し、しかもその惨禍は日本国民にかかるということなんです。

5　核武装の点を弁護人が強調する理由

自衛隊法八七条に、自衛隊は「防衛のため必要な武器」を保有することができるという規定があります。これはたしかに一種の白地規定にも等しいものであります。自衛隊法には、核武装を禁止する何らの規定もありません。核弾頭の保有や、核の運搬手段――つまりミサイル等――の保有も全く自由にやれる余地のある自衛隊法なのであります。このような自衛隊法をもって、自衛隊の核武装、核戦争参加を抑止することなど思いもよりません。

五　自衛隊はアメリカに従属した海外派兵、侵略の軍隊である(1)
――作戦運用面からの分析

次に、自衛隊がアメリカに従属した海外派兵の軍隊、侵略の軍隊であるということについて、三つの面から分析します。その一は作戦運用面、その二は編成装備面、その三は教育訓練面ということであります。

自衛隊は、アジアの社会主義諸国、なかでも朝鮮、ヴェトナム等への出動を準備しているとみられるいろいろな徴候があります。これをまず、作戦、運用面からみてみましょう。まず最初にずばりと出ているのが、三矢研究文書の「対米関係事項」の一〇頁にある「作戦調整所の付議事項」であります。ここには、はっきりと日本の自衛隊とアメリカ軍の調整事項の一つとして、「着上陸作戦」と書いてあります。「着上陸作戦」でこれ以外にないのかという質問に対して、田中証人は「これ以外にない」と確認しています。着陸というのは空から空挺部隊で着陸すること、上陸は船から、海岸から上陸すること。「着上陸作戦」と明記されておる。自衛隊がそれをやらないなどということは、三矢作戦の文書には一つも書いてありません。

それから、次に考えておかなければならないのは、自衛隊の用兵地域であります。自衛隊の用兵地域は、田中証人の証言でも、また三矢研究の文書にも「日本の領域、周辺海空域とし、海空の部隊がその外域に作戦する場合は、その都度指示する」とあり、その「外域」にはなんらの限定がない。防衛庁内にこれ以上のなんらの規準もないということを、田中証人は述べております（二二四八丁）。さらに対象国領土での交戦はどうかという質問に対して、対象国領土での交戦は「あまり考えられない」と田中証人は述べています（二二五六〇丁）。

もう一つ指摘したいのは、「基礎研究」の題目に、「武力行使の規準」という問題があります。これは角谷裁判官も尋問で相当訊いておられた問題ですが、田中証人が言うには、正当防衛や緊急避難の時だけしか武力が使えないということになると、非常に重要な防衛上の時期を失するのではないかということで「基礎研究」の中で研究した。つまり、正当防衛や緊急避難以外の場合、武力行使ができないかを研究した、と。これはもう明白に自衛の範囲を逸脱することだと思いま

す（二一三二丁、二九一九丁、二九八〇丁）。

1　敵基地の破壊

田中証人が「本土で一つの作戦が行われ、その作戦である程度の勝利を得た、それだけでは本当に敵が参ったというような決定的打撃にはならない。これは誰しも考える共通のことであります」と述べた（二五三二丁）ことは記憶に新しいと思います。

三矢研究文書「基礎研究の三」の一七頁から一八頁にかけて「反撃作戦の限界」というところがあります。ここには「侵攻した敵を本土外に撃退するわが領域内の反撃作戦」として「領域内だけの作戦では一般に敵に決定的打撃を与えることは困難である。従って関連して実施する航空作戦は必要な限度においてわが領域外へ拡大することが考えられる」、さらに「侵攻する敵海軍及び航空部隊は日本周辺海域において撃破することは敵に決定的打撃を与えることが困難なばかりか、敵の海空基地を破壊せざる限り日本の直接防衛の目的達成には不充分である」と記載されています（二五三七丁）。これは、かつての侵略戦争の末期、昭和二〇年頃の日本統帥部の方針ときわめてよく似ております。具体的には、昭和二〇年七月の大本営陸軍部・海軍部共同による「本土における航空作戦の運用計画」という文書、その中の「作戦指導大綱」に出ております。その命令には「侵攻する敵機を攻撃するばかりでなく、場合によってはマリアナおよび沖縄の敵基地を攻撃せよ」とあります。三矢研究文書の中では対象国はどこか、どこの基地を攻撃するのかということは具体的に何も書いてないし、田中義男証人もその説明は拒否しました。しかし三矢研究文書の前後の文脈からみて、朝鮮、中国、ソ連の基地であることは明らかです。

つまり、自衛隊のいわゆる「防衛」なるものは、朝鮮、中国、ソ連の基地を破壊することまでも含めている。それを「防衛」と称しているのであります。そうした武力行使は、日本国憲法がゆるしているものとは到底考えられないのであります。

わが自衛隊の用兵地域は、非常に広く限定のないものであると言いましたが、例として、アイルランド国防法、スウェーデン徴兵法をみてみましょう。これは、『防衛論集』という雑誌の一巻一号、二号に載っておる資料であります。アイルランド国防法（一九四五年）、その八五条によれば、現役国防軍のすべての士官および兵は、常に国内において軍務に服する義務がある。「国内において」という制限がある。スウェーデン徴兵法二八条二項は、陸軍に所属する徴募兵は、国家の防衛のためにのみ、国家の境界線外に使用されることがある、というような表現をとっている。しかし、日本の自衛隊法というのは、アイルランドはもちろん、スウェーデン的な限界すらも、何ら書いていない、私は質問で、統幕で考えている用兵地域は周辺およびその外域それだけか、と念を押したんですが、ほかにはありませんと証言しておりました。これは、米軍と防衛庁の指揮の下で日本の自衛隊が非常な広範な区域に、無制限に使われる危険を包蔵していることの証拠であると思うのであります。

2 樺太、千島の占領

三矢研究文書の「対米関係事項」の中には、千島、樺太の占領の問題が出てきます。これは三矢研究の第六動か七動によると、在日米軍から統幕に対して、樺太、千島が大事だから、自衛隊が行って占領してくれないかという要求が出てくるんだそうです。大変なことです（二九五八丁）。現状況ではとても兵力を出せないからと言って断わるそうであります。現状況では、ということです。いうまでもなく戦時国際法において「占領」というのはたんなる「侵攻」とは違います。占領とは、占領地域を占領国の将来の領域とする目的か、または被占領国の行政・経済・交通の機構に生ずる障害によって降服を促進する目的か、あるいは単に戦略上の重要地点を獲得する目的かのいずれかであるといわれます（田岡良一『国際法』）。さらにハーグ陸戦条約第四二条が、一応占領について定義した反面規定だといわれておりますが、これによると、「一地方にして事実上敵軍の権力内に服したるときは占領せられたるものとす」とあります。つまり、軍隊の権力下に一地方の住民、領土、財産をおかなければ占領ということにはなりません。占領とはそれほど強力な軍事力の行使であります。そうした占領を千島、樺太に対してやろうとしているのであります。

3 「主として米軍が担当する」の意味

以上、敵海空基地破壊、千島・樺太占領の二つこそ、まさに三矢研究文書のなかに明白にあらわれた自衛隊の侵略的性格の最も露骨な表現にほかなりません。ところが、田中証人は、弁護人の尋問に対して、これは米軍がやることで、自衛隊は関係ないという言い逃れをしようとしたのです。しかしながら、三矢研究文書には、敵海空基地破壊についても、千島・樺太占領についても「主として米軍が担当する」というふうに記載されております。まず、日本語の用法からいって、「主として」米軍担当するという文言には、言外に「副として」あるいは「従として」米軍以外の軍隊が担当するということが含まれているのです。それでは米軍以外のどこの国の軍隊かということになります。

前後の文章から判断すると、問題の部分は「対米関係事項」、つまり日本のアメリカに対する関係のことが書いてある部分です。また、その文書の「第三、日本直接防衛のための日米共同作戦」という項目の中の部分です。したがって、ここで「副として」「従として」担当するのは、前後の文脈からみて、日本の軍隊、「日本」の自衛隊以外のなにものでもないということになります。それを前提として、次に、「主として」という用語と「もっぱら」という用語は、軍事上の任務分担の場合に明確に区分されているということを申し上げておきたい。これについては、旧軍の「陸海軍作戦協定」の文書が参考になります。旧軍では陸海両軍がある一つの作戦協定を結び任務分担等を決めておりました。とくに旧軍では陸軍、海軍ともそれぞれ独自の航空部隊を保有しておったので、ある一つの作戦のなかでの航空作戦の面では陸軍の航空部隊を使うのか海軍の飛行機隊を使うのかいちいち協定したのです。これらの文書には「主として」陸軍（海軍）担当す、あるいは「もっぱら」海軍（陸軍）担当す、という表現がみられますが、その「主として」と「もっぱら」との区別はまことに厳格にされていたのです。

私はここで、さきほどの服部卓四郎氏の著書と、みすず書房から出ている『現代史資料』の中から資料を少し引用します。たとえば、昭和一二年八月一二日、上海事変についての参謀本部と軍令部との協定にこうあります。「航空戦はもっぱら海軍これを担当す」（『現代史資料』一九六頁）。次に平海（ピンハイ）作戦。上海事変が拡大して北京・上海を中心に広がりますが、「平海」というのは、上海の「海」と北京（北平）の「平」に由来します。この平海（ピンハイ）作戦陸海軍中央協定にはこういうくだりがあります。「南支方面における航空作戦は、海軍、主としてこれ任ず、陸軍はその一部を担任す」（『現代史資料』二二〇頁）。こういう資料は、ここにもってきたコピーをみればわかるように数限りなくあるが、ここでは時間の関係で省略をいたします。三矢研究文書を作成したのは研究部の幕僚ですが、彼らのほぼ全員が旧陸海軍の職業軍人であったのであるから旧軍の文書の書き方を知っているはずであり、それを一貫して使っているとみて、さしつかえないと思われるのであります。

田中証人もこの区別は認めざるをえなかったのですが、そのうえで田中証人は「『主として』の中にも、九九パーセントの『主として』もあるし、七〇パーセントの『主として』もある」というようまい言い方をしました（二五四一丁）。しかし、かりに「一パーセント」であっても、「従として」自衛隊も担当するということについては、ついに否定できなかったのであります。そして、敵基地破壊に際して偵察、もっと正確にいうと、「偵察に行ったり、なんか」と言っています。この「なんか」というのが何を意味するかが何か問題です（二五四一丁）。千島、樺太占領に際しての後方補給、これも「後方補給やなんか」（二五六六丁）ていどは自衛隊がやるということを認めざるをえなかったのであります。

田中証言によると、後方補給というのは、輸送、衛生、医療、損傷兵器の修理だということであります。偵察と補給とは、作戦行動にとって不可欠であり、その成否は、作戦行動を左右し、一軍の安危にかかわるほどのきわめて重要な行動であります。こうした任務を担当するということは、とりもなおさずアメリカ軍の侵略行動に対する重要な加担、協力であり、まさに共犯者としての行動にほかなりません。そうした行動は、わが憲法九条の到底容認しえざる行動といわねばなりません。

他国が行う国際紛争解決手段としての戦争に加担することは、絶対に、いかなる解釈をとっても日本憲法の許さないところであります。同様に、日米の任務分担として直接侵略に対して、日本は主として作戦の防衛面を担当する、アメリカは攻撃面の作戦の大部分を担当する、ということが三矢研究の中にあります。しかしこれは、日本も攻勢的な面が作戦実施状況によっては起こるかと思いますと田中証人も述べているとおり（二二二二丁）、日本も攻撃を担当するということを、ここで述べておきます。

4 「防衛」という概念は侵略を否定し抑止する機能を果たさない

自衛隊法の条文上に「防衛」のためといくら繰り返し記載したとしても、それだけで「侵略をしない」保証にはなりません。一体「防衛」ということばは何を意味しているのか。かつての日本には軍機保護法、国防保安法というような法律があったが、参考までにこれらの法律で、「国防」ということばが、どのように使われていたかを考えてみたい。「国防」というのは、軍機保護法では「武力をもって帝国を防衛することである」ということでありました。参考文献としては、古い本ですが、陸軍の法務官をやっていた日高巳雄《ひだかすえお》氏の書いた『軍事法規』の五三六頁および五七一頁を参考にしていただきたいのであります。

検察官は、本件公判で「防衛力」とは、「直接侵略および間接侵略に対してわが国の平和と独立を守るために行う武力の行使、あるいは実力である」と言うが、それは国防ということと本質的に同じことを言っているのではないか。戦前においても、武力で帝国を防衛することを侵略とはいいませんでした。国防だといったのです。国防という戦前の概念と、今、検察官が言っておる防衛という概念と、どこが違うのか、本質的には違わないのではないか。

なお、戦前において「国防」と「国土防衛」という概念は明確に区別されておりました。国土防衛というのは、わが帝国の領土を防衛することであるといわれていましたが、領土を防衛するその国土防衛は、具体的には、三つの要素に分かれていました。一つは要塞の防衛、一つは消極防空といって、領空を侵犯する外国敵機に対する防空戦闘、さきほど源田空幕長が、あんなものは付随的だと言ったということを申し上げましたが、その防空です。もう一つは国内の治安警備、この三つが国土防衛といわれていたのです。しかし、今、検察官の言う「防衛」はこのような国土防衛にとどまるものではなく、これをはるかに上廻るもののことを言っておるのであります。むしろ戦前の帝国の「国防」と本質的には同じものを「防衛」と言っておるのです。

また、自衛隊の考えているところの「防衛」に至っては、米軍と協力して敵基地を攻撃する、朝鮮半島での戦争に参加する、千島、樺太を占領する等々をも含めて「防衛」と称しているのであって、これは、明らかに「国土防衛」ではなく「国防」と同じことを考えているといわなければなりません。とくに、三矢研究資料中では、日本防衛作戦を直接防衛と間接防衛に分け、朝鮮作戦に対する日米相互協力に関することを間接防衛と呼んでいます。つまり朝鮮戦争への協力までも三矢研究では防衛に入っているということにご注意願います。

アメリカも、国防総省とか国防長官とか国防次官とかいっております。あれだけの侵略戦争をヴェトナム領土とヴェトナム人民に対して行っているのに、「侵略省」とか「マクナマラ侵略長官」とか「侵略次官」などとは決して申しません。アメリカは一九五四年の国家安全保障会議で、国防線を第一国防線から第三国防線まで三つに分けています。すなわち、第一＝合衆国の領海領空が侵犯された場合、第二＝合衆国と軍事同盟を結んでいる国の利益が害された場合、第三＝その周辺、の三つです。第一国防線では、国防線、正確にいいますと米本土、領土、属領、信託統治領ならびに海空域に対して侵略が生じたとき、あるいは危険とみなされる事態が生じたとき、米軍は即時単独で交戦する。第二国防線は、米と軍事協定、安保条約を締結した国が侵略されるか、あるいは安全が害される場合、またはその可能性が生じたとき、米軍は当該国と協議し、または単独で交戦する。第三国防線は、右第一第二国防線周辺域で関係諸国が統一行動を承諾した場合、米軍は戦闘に協力し交戦する。日本はこのアメリカの第二国防線に当たるわけであります。今の資料はさきほど引用した林克也氏の『アメリカの極東軍事戦略』一〇三頁であります。このように、合衆国領域からはるか離れたところをも国防線とされているのであります。

日本でも、元防衛研修所長をやった佐伯喜一氏は、「今、国防ラインと領土とは一致していない。日本を防衛するために、日本の領域でやっておるのではまにあわない。さらに前へ出て、守らねばならない。防衛線と領域線とはちがう。アメリカを守る為にライン外まで出なければならない。日清・日露戦争は日本が防衛線として朝鮮を守る為に戦われた。現代兵器が発達したから日本を守るのに国境で守れるはずがない」（三四年九月二七日憲法調査会第三委員会での参考人としての発言）ということをはっきり述べております。この点については田中義男証人も「日本の領域の中では軍事上の初歩的常識」であるということを言っておるのであります。どこの国でも、国防とか防衛とかいうのは、軍備を用いてそれを運用することをいうのであります。どこの国でもみずから侵略者を自認するようなことは決していいません。また、自国の政策が、侵略政策でないということをいわんがために、必ず国防とか防衛とかいうことばを使うのであります。したがって、自衛隊法三条が直接侵略・間接侵略に対し、わが国を防衛するということばを使っておるから、自衛隊の行動や装備も決してこの範囲を逸脱することはない、などという議論は、「国防」とか「防衛」の使われてきた歴史的な意味と役割を全く無視した観念論であります。こうした法律条項の防衛という用語、ましてや検察官の「解釈」などによって、それがなんらかの武力行使をチェックするはたらきをするというが如きことは到底考えられないのであります。「防衛」ということばは、全く空疎、無内容なものであります。およそある軍隊、たとえば自衛隊が果たして侵略の軍隊か否かを判断するには、「防衛」というような空文句ではなく、その実体、装備、編成、作戦計画、教育訓練、そして政治による抑制機能を実態に徴して具体的にみなければならぬことであります。

5　軍事力の無限界性について

一九世紀プロイセンの軍人であり、軍事研究家であったクラウゼヴィッツは、その著『戦争論』において軍事力の無限界性を指摘しています。この著書については、田中証人も読んだことがあると述べています。そして田中証人自身、「相手が武力を行使してくれば、これに対抗し、これに優越する武力をもってたたかわなければならない。これが無限界的に拡大してゆく、これは自分もそのとおりだと思っているし、また、そういう教育も受けている」と述べています。軍事力は、本質的にどういう法則をもっているのか、軍事力はそれを、実定法をもって抑制し、限界づけることが可能であるのか。この問題は自衛隊を考えるとき、さらに憲法九条一項、二項の解釈を行うとき、決して忘れてならない根本問題であります。

孫子は「兵は凶器なり」と言いましたが、クラウゼヴィッツは次のように言っています。「戦争は暴力行為である。その行使にはいかなる限界もない。一方の暴力は、他方の暴力をよびおこし、そこから生ずる相互作用は、理論上その極限に達するまでやむことがない。これがわれわれのぶつかる第一の相互作用であり、第一の無限界性である。私が敵を粉砕してしまわない限り、私はたえず敵が私を粉砕しはせぬかということを恐れていなければならない。そのため私は常に不安な気持を脱することはできない。私が敵の抵抗を激発させるように、敵もまた、私の抵抗を激発させる。これが第二の相互作用であり、それもまた第二の無限界性を生み出す。敵を圧倒する程に努力を強化するか、それだけの余力が無い場合には、可能な限りこれを強化する。しかし同じことを敵もするであろう。したがってまたもや相互に張り合うことになる。それは論理上必然に極限に向っての努力を伴わないわけにはいかない。これがわれわれのぶつかる第三の相互作用であり、第三の無限界性である」と。

軍事力をこのようなものとしてとらえるかぎり、「防衛」のため必要かつ相当とかいうような法文あるいは法文の解釈だけでは、それを限界づけ、抑制しうるものではないのです。

6　自衛隊による規制と旧軍刑法による規制の比較

検察官はさかんに、自衛隊法による規制の効能を言われるが、軍事行動の規制という点において、戦前の陸軍刑法、海軍刑法と比較すれば、自衛隊法の規制など無に等しいとさえいえるのであります（陸軍刑法と海軍刑法は、条文が五条ずれていること、それから陸軍刑法の「司令官」が海軍刑法では「指揮官」となっていること以外、内容はほとんど同じです）。陸軍刑法三五条（海軍刑法三〇条）によると「司令官、外国に対し故なく戦闘を開始したるときは死刑に処す」（海軍刑法では「司令官」が「指揮官」になっているだけで、そのほかは同一条文。以下同じ）。陸軍刑法三六条（海軍刑法三一条）によると「司令官、休戦又は講和の報告を受けたる後、故なく戦闘をなしたるときは死刑に処す」。陸軍刑法三七条（海軍刑法三二条）によると「司令官、権外のことにおいてやむをえざる理由なくしてほしいままに軍隊（海軍刑法三一条では「艦船」）を進退したるときは死刑または無期もしくは七年以上の禁錮に処す」。陸軍刑法三八条（海軍刑法三三条）によると「命令を待たずに故なく戦闘をなしたる者は死刑または無期もしくは七年以上の禁錮に処す」。

このような死刑無期刑を含む重刑が定められてありました。思うに、それは一つには「天皇の軍隊」という厳しさを示すためであったでしょう。しかし、今の自衛隊法にはかような規定がないのであります。せいぜい刑法の職権濫用の適用がある程度ではないでしょうか。検事の言われる文民統制や、国会統制や、国連統制に違反した者を処罰して、それらを保障するような規定はないのです。

しかも、戦前においてもこうした法律はあったけれども、「満州事変」に際して、命令を待たず、ほしいままに朝鮮軍（朝鮮駐屯の旧日本陸軍の軍隊）を動かした司令官、林銑十郎大将のような事例に対しては、結局、陸軍刑法の適用はされず、責任不問になってしまっています。満州事変以後の日本の軍部の暴走と、統帥部および政府の関係は、越権行動、追認、追認、追認また追認の連続であります。軍事行動をおさえることがきわめて困難であることの一例であります。いわんや、そうした規制のない自衛隊においては、前に述べたキューバ事件のときの空幕長の処置などを規制し処罰すべきなにものもないのです。つまり、いまの自衛隊は正式の命令なくして米軍の要求ひとつで行動するけれども、それに何らの法的規制も罰則もないといってよいのであって、この点からみても容易に米軍の侵略行動に加担させられる危険性を包蔵しているといわねばなりません。

7　日米共同作戦にさいして、自衛隊は自己の行動を自制しうるものか

三矢研究文書にも表われているように、自衛隊は米軍と有機的協力体勢のもと、積極的に協力作戦を行い、朝鮮作戦を支援し、敵基地破壊や千島、樺太占領作戦にも協力するというような密接な間柄にあります。そういう関係にある場合に、たとえば米空軍と日本航空自衛隊が連合して編隊を組んで、敵地に向かっていった場合、日本自衛隊機が外国領海上空ギリギリまで来て、「わたしの方は自衛のための武力行使しか許されていませんので、これ以上行けません。ここで待ってますからアメリカさんあなたはどうぞ」とか、「わたしはここで帰ります。さようなら、あなたはどうぞ」などということが言えるかということです。有機的な協同行動とは、そういうことが言えない関係ということではないのか。アメリカの指揮官は「冗談いうな」と聞く耳をもたないでしょう。すでに、一九国会の衆議院外務委員会で、当時の下田外務省条約局長も「他国の要請に応じて部隊を出す場合に、おのれの国は自衛権しか行使できないのだから、ここまでしかできないというようなことでは、どだい派遣部隊の意味がないのである」ということを答弁のなかで述べております。これは、「外国の要請に応じて自衛隊を出すことはありません」という

答弁のための説明として述べているのですが、つまりアメリカの要請に応じて自衛隊が出るという可能性がハッキリしているのであります。自衛隊が出る以上は、下田局長が言ったように「自衛権」をタテに、自らの行動を途中で抑えるということなど、全く不可能であることは明らかであります。

以上、5〜7で述べてきた軍事力無限界性の法則、旧軍刑法の如き規制の欠如、共同作戦の実態等から総合して考えるならば、自衛隊の侵略性を抑止しうる保障など全くないといわなければなりません。

8 「四〇年度統合戦略見積」にみる自衛隊の作戦行動

田中証言によると、「年度統合戦略見積」とは年度防衛計画の基礎になるものであるということであります(二五四三丁)。また、松本清張氏は、豊富な資料を駆使して、『文藝春秋』の昭和三九(一九六四)年一一月号に「防衛官僚論」を書いていて、現在『現代官僚論』という書物になっています。その三七頁以下がこの関連部分であります。そこに、はやくも三矢研究を Three Arrows Operation ということばで暴露していますが、さらに、同論文中に「昭和四〇年度統合戦略見積」を引用しています。

この見積がつくられた時期は、三矢研究の一年ないし二年後です。すなわち、三矢研究の前提となった作戦構想や情勢見積がさらに発展させられたものとして注目に値いするものといえます。これによれば、統幕の決めた自衛隊の行動方針は次のとおりです。「（行動の）対象区域は、わが国の施政下にある全領域とし、自衛隊の行動区域は防衛目的達成のため必要な範囲とし、要すれば外国領域を含むものとする」。

防衛のため必要とあればどこでも行ける。外国領土へも行けるのです。必要かつ相当などという制約はありません。「必要」だけでよいのです。「相当」などというのは、検察官が、裁判所を安心させるために、勝手につくりあげた概念であります。肝心の当の自衛隊の方では「必要」とだけしか言っておらず、「相当」などということは言っていません。「要すれば外国領域を含むものとする」、これは重大なことです。すなわち必要ならば朝鮮、中国、ベトナム等の外国領土にも行動できるということです。これこそまさに海外派兵、外国侵略を容認したことではないのか。またさらに、この統合戦略見積の中には「作戦実施の細目」として、こう書いてあります。「わが国周辺における航空優勢確保のための作戦――わが国周辺における航空優勢を確保するために積極的に敵の航空基地を攻撃し、その航空戦力を撃破するとともに侵入に対して防空作戦を実施してこれを阻止することが必要でありとくに前者（弁護人註、航空基地攻撃）が本作戦全般に占める地位はきわめて大きい。わが能力上の限界から攻撃は米空軍に期待し自衛隊は防空作戦を実施することとするが、状況によっては能力の範囲内で近接地域に対し攻撃作戦を行なう必要がある」。

ここで注目すべきことは、第一に、敵航空基地の攻撃が作戦全般に占める地位がきわめて大きいと評価し、攻撃を重視していること。第二に、自衛隊も攻撃作戦を行うことを明記していることです。とくに、三矢研究の文書では、自衛隊が攻撃作戦を行うとまでは明記されておらず、田中証言においてはじめて偵察ていどを行うことが明らかにされたのですが、この「四〇年度統合戦略見積」では、明確に攻撃作戦実施を打ち出しているのです。これら一連の記載事実が示しているのは、自衛隊の装備の充実、訓練の強化・練度の向上、能力の増大に伴い、また国際情勢、米軍の対日要求の変化に応じて、自衛隊の作戦計画も変化し、自衛隊の海外出動、対外侵略への動きが次第に明確化、現実化してくる。そういう動きにあるということです。

9　ブル・ラン（猛牛暴走）作戦

最近、三矢研究の構想する作戦をさらに発展させた「ブル・ラン作戦計画」が暴露されました。これは朝鮮、中国に対する日本自衛隊の出動を決めているものです（『週刊現代』昭和四一年九月二九日）。これによると、ブル・ラン作戦には計画番号六番という番号が付いています。そしてこの計画は、アメリカ太平洋軍司令部とアメリカ太平洋艦隊司令部、極東方面軍、極東方面陸海空軍最高司令部参謀、情報スタッフが、フライング・ドラゴン計画（昭和三九年度の米日共同作戦計画といわれる。田中証人はこの計画についての証言を拒否）と並行して、防衛庁の統幕からの資料を得て、昭和四〇年の九月から、このブル・ラン作戦に検討を集中し、作戦計画番号六番として正式の作戦計画になったのです。これはスクラップブック大のファイルに英文で約二〇〇〇頁にのぼる膨大なものだといわれています。

この想定は次のとおりです。「一九六X年北朝鮮軍が三八度線を突破して大々的な攻撃を開始する。これに対して韓国政府が戦時非常事態宣言を布告する。アメリカ空軍が応援に出るが、消耗率は訓練時の想定よりも三〇パーセント上廻っている。そこで太平洋のアメリカ軍は、ただちに、戦争が開始されたという結論のもとに臨戦体勢に入る。そして同じ時間にアメリカ政府は新たな戦争状態発生による情勢変化を理由に日本政府に協力を要請してくる。米政府は、『作戦計画の実施は日米両軍最高司令部の完全の合意のもとに行われるものとする』という一九六二（昭和三七）年以来交換された覚書に基づいて同意を要求してくる。日本政府には要請を拒否する理由は何もない。そこで自衛隊の航空兵力および海上兵力はアメリカ軍の他地域（ベトナム以外の地域）に対する補給作戦の支援準備にあたる。それから、自衛隊はできる限りすみやかに、国連警察軍となる準備をする。戦闘状態に入ったあとは、日米の最高司令部は、以後の作戦を合同で協議するけれども、指揮権はアメリカ側に所属する。自衛隊勢力は防衛態勢に入っても、その戦闘地域は『自衛権』の範囲から出ることはない（ただし、範囲については特記せず）。自衛隊は直接朝鮮および中国本土への攻撃をすることはない。ただし、必要が生じたときはアメリカ政府は日本政府に通告し、日本側の同意を得る。航空自衛隊の兵力はその五分の四を、中国地方、九州地方に集中する。残りの五分の一を、北海道および裏日本に集中する。国連警察軍として自衛隊の一部兵力が参加することをアメリカ政府は望ましいことと信じて疑わない。この作戦はフライング・ドラゴン作戦の延長上にあり、先に確認した日米両軍の責務は継続されるものとする」。

この中から問題点を抽出してみましょう。

(1) 米極東戦略に日本の運命が完全に結びつけられていること。それは「太平洋米軍が臨戦体制に入ると同時に、米政府が日本に協力要請してくる」ことにあらわれています。

(2) 米極東戦略に日本政府は全く従属、追随していること。そのことは「日本政府に（形の上では）協力を要請し、同意を要求してくるけれども、これに対し、日本政府には要請を拒否する理由が何もない」ということによくあらわれています。つまり、形式上は、どんなに両国の同意とか協議とか調整とかをうたっていても、いったんこのような戦争状態となった場合には、全く拒否することができない関係なのであります。

(3) 「自衛隊の空、海兵力は、米軍の補給作戦の支援準備にあたる」ということです。これは、三矢研究や田中証言において明らかにされた自衛隊の任務が、さらにいっそう明確されたことを意味しています。

(4) 「自衛隊が、できる限り速やかに国連警察軍に参加する」ということです。これは、このブル・ラン作戦ではじめて明文化されたことです。「速やかに国連警察軍となる」ために可能な方法は、「在韓国連軍」に参加することです。国連憲章（加盟国の軍事協力義務の条項）、日韓基本条約（国連協力義務）などを口実として、朝鮮に出動することが可能となります。そしてその際には国連軍司令官たる米第八軍司令官の指揮下に入ることになるのです。

(5)「戦闘状態に入ったあとは、日米の最高司令部は協議するが、指揮権はアメリカ側に属する」ということです。前に述べた米日作戦調整所における調整などは全く有名無実で、実際にはアメリカ軍の指揮下に自衛隊がおかれているということがはっきりしたわけです。

(6)「自衛隊の戦闘地域は自衛権の及ぶ範囲」ということですが、「自衛権」の範囲自体が敵航空基地の攻撃まで含めたものですから、あまり意味がありません。そのうえ、その範囲、地理的範囲は、何ら特記されておちず、事実上戦闘地域の限定は無きに等しいのです。

(7)「自衛隊をして朝鮮および中国本土を攻撃させる必要が生じたときは、米政府は日本に通告し、同意を得る」ということです。自衛隊が朝鮮、中国を攻撃するか否かは、米政府の必要度による。つまり米政府が必要とすれば自衛隊は、朝中両国への攻撃を担当させられるということです。もっとも形式上は、日本政府の「同意」を得るということになっていますが、日本政府にはその「同意」なるものを拒否する理由が何にもないということは、さきに、第二点で述べたとおりです。

以上のように分析することができます。このブル・ラン作戦は、三矢―フライング・ドラゴン―四〇年度統合戦略見積―ブル・ラン、という一連の作戦計画の発展線上に位置するものでありまず。これこそ、まさに現状勢下における自衛隊が、米軍に従属しつつアジア諸国侵略をめざす軍隊であることを如実に証明するものです。

六　自衛隊はアメリカに従属した海外派兵、侵略の軍隊である(2)
――編成装備面からの分析

以下においては、編成装備の面から、自衛隊が海外派兵をなしうる能力をもつ侵略の軍隊であることを論証したい。とくに、田中義男証人は、三矢研究の説明に際し、三矢研究の文書上では、自衛隊も「従（副）として」敵基地攻撃や千島、樺太占領を担当しうるごとく書いてあるが、自衛隊の航空機や艦艇の能力からみて、ちっぽけな自衛隊の船がウロウロしたところで何の役にも立たない、というような証言をしています（二五二九丁）。そこで、自衛隊にはそうした能力があるということを論証したい。一つは、本項でこころみる「編成、装備」の面からの分析であり、いま一つは、次の七のところでこころみようとする「教育訓練」の面から分析であります。

1　陸上自衛隊

(1)　第七師団

第七師団は、昭和三六（一九六一）年七月の第二次防衛力整備計画（二次防）の中でも、田中証人の証言（二五九二～二五九四丁）にあるように、とくに他の師団と異なる「機械化師団」としてその装備充実が重視されている特別の師団であります。このことは、正宝治平証人（本件当時の北部方面総監部第三部長）も証言の中で認めざるをえなかったところです。第二次防衛力整備計画（二次防）の中でも「甲類装備品充足計画」の最重点が、この第七師団の装備改編におかれております。そして装備改編は徹底的な機械化、すなわち戦車装甲車等約四〇〇両の国内生産による充足と、自走榴弾砲のアメリカ側からの供与による充足であります。とくに、TK61（六一式戦車）についてみましょう。二次防の始まる三七年初頭現在では、六一式戦車は二両でしたが、それを一二〇両生産し、二次防の終わる四一年度末、つまり本年三月末には一二二両になる予定であります。そしてその一二二両の配分は次のとおりです。

二次防の期末（昭和四二年三月末）におけるTK61保有量一二二両

（右の配分）　第七師団　五九両

戦　車　群　四七両

教導部隊	一四両
学　校	二両

このように、一一二両のうち半分に当たる五九両を、第七師団が占めておるのです（二五九三丁）。これは、田中証人も認めております。第七師団が、とりわけ機動力の充実を要請されている特殊な師団であることを示しています。とくに、第七師団は従前、第七管区隊として、いまの第一一師団（真駒内）の警備区域をあわせた相当広大な警備区域をもっていましたが、三六年の一三個師団の改編に伴い、その警備区域の大半は第一一師団が肩代りし、現在の第七師団の警備区域は一三個師団中、最も狭少といえます（三五九三丁）。すなわち、第七師団は一三個師団の中で、国内治安警備の責任負担が最も軽い反面、機動力、火力、いわば攻撃力は最も強大な部隊となっています。このことは第七師団が、海外派兵部隊として編成、装備されていることを示します。第七師団だけはその戦闘力において、アメリカ、ソ連の一流師団にようやく近づいた唯一の部隊であると先ほどの林克也氏の『現代の戦争』所収の論文は分析しております。この七師団は三矢研究では六動あるいは七動で北部方面総監指揮下において戦闘作戦行動をとるということが田中証言（二五九二丁）で明らかにされております。

(2)　第一空挺団

空挺団が存在することは、そのこと自体、自衛隊の攻撃的性格の徴表であります。現在では、大部隊や武器、弾薬、車両、糧食、器材等の輸送は輸送船のほかに、時間のかからない航空機を使うというのが、攻撃戦争を行う国の共通したやり方であります。田中証人によりますと、第一空挺団は非常事態において重要地点に挺進して急速に戦力を発揮させる。隊員は厳重なる選抜試験を実施し、体力、気力の旺盛なる者を採用する、こう言っております（二五八一～二五八二丁）。

空挺団の任務は、敵地に降下着陸し、奇襲攻撃を行うことにあります。第一空挺団は陸上自衛隊中きっての精鋭と自他ともにゆるしている集団です。その装備、単位兵力あたりの火力はきわめて強力です。ジープ、火砲、重量物の投下訓練、地雷敷設地帯への降下訓練、以下、田中証言も認めておりますが、地上戦闘、レインジャー訓練（後述）、山岳生存訓練などを行い（二五八三丁）、きわめて侵略的色彩の強い部隊です。およそ近代戦において空挺団がどのような役割を担っているかは、古くはイラクのクーデターの時、急遽ヨルダンに飛んだ英空挺団の行動をみても明らかです。また、こんにちヴェトナム戦争で米軍空挺部隊がしばしばヴェトナム解放民族戦線の占領する解放区に降下していることをみても、その侵略的・弾圧的役割が明らかです。その輸送量について、最近のアメリカが行った空輸演習の例を、林克也氏の『現代の戦争』の諸論文をもとに分析してみると、まず三五年三月にキューバ侵略を想定して行ったピック・スラム作戦演習では、二万五〇〇〇名の兵員、一万一一五〇トンの軍需品を飛行回数二五〇〇回、日数一四日で輸送しています。また、三六年二月、ラオスに対する兵力投入を想定して行ったロングパス作戦演習では、本国からフィリッピンのクラークフィールド基地まで、八日間に六〇〇〇名の兵員を一二八機で空輸しています。

このスピードは輸送機の速力、搭載量の増加に伴い、さらに速まる傾向にあるものと思われます。こうした世界の動向からみても、第一空挺団の存在は重視すべきです。三矢研究でも、第一空挺団の運用が作戦初期の第一動のところで出てまいります。三矢研究文書には、非常事態に際しての陸幕長の第一号命令が出ています。陸上自衛隊行動命令、「三矢陸乙行防命第一号」（七月二一日一八時発）という命令によりますと、その中の四というところに「東部方面総監は第一空挺団および富士教導団を随時、長官直轄になしうるよう準備せよ」というのがあります。これは重要な意味をもちます。第一空挺団および富士教導団はいずれも東部方面隊に所属し、東部方面総監の指揮下にあります。第一空挺団は先述のような侵略的性質の部隊です。なお、富士教導団とは、旧陸軍にあった各術科学校、歩兵学校、砲兵学校などの教官、学生を中心とした教導連隊に相当するものだと田中証人は言っています。現在の富士教導団は普通科、特科、機甲科、すなわち昔流にいえば歩兵、砲兵、戦車兵の三科の連合部隊です（田中証言二一八八丁）。しかも現に、静岡県の富士学校はじめ各術科学校で教育を受けておる者、あるいは教育の任に当っておる者、成績の優良な訓練の充分やられている隊員をもって編成される素質優良部隊であります。これらの部隊を、とくに作戦の初動において東部方面の指揮下から防衛庁長官の直轄部隊とするということは、命令一下、いつでもどこにでもこれらの部隊を投入しうるようにするためであります。つまり第一空挺団は三矢研究の中においても、その役割は、当然切り札的な海外派兵部隊として取り扱われているとみなければなりません。田中証言によると非常に機動力があり、どこへでも急速に使用できる（二一八七丁）。いずれも北か西かの第一線の方面総監に与えて作戦行動をとらせる。三矢研究文書では第一空挺団も富士教導団も、防衛庁長官からさらに第一線の方面総監に与えて作戦行動をとらせるということが二五九〇～九一丁にかけて出ております。

　ところで、第一空挺団の使用する輸送機の性能についてみてみましょう。現在それはC46輸送機であります。一機搭載は二五、六人で、これが四十数機あるという田中証言であります（二五八二丁）。一九六五（昭和四〇）年度の『自衛隊装備年鑑』によりますと、C46の行動半径は、約一一五〇キロであります。これは田中証人もおおむねその程度だと認めております。これは北九州板付を発進して大体、中国東北の大連、旅順、大石橋、通化、朝鮮北部の清津、羅津を含む距離です。つまり、第一空挺団は現在、ゆうに朝鮮全土、さらに中国東北地方の一部でも行動しうる能力をもっているのであります。最近列強は大型輸送機を開発し、性能を開発し、師団単位の輸送を行っております。

　しかも、第三次防衛力整備計画（三次防）では、この輸送機をさらに改良しようとしています。

すなわち次期輸送機の問題であります。Xが何になるかを今防衛庁は検討しているのです。四一年度予算にこの試作費、一億八〇〇〇万円を計上しています。中国の中心部が行動半径に入る輸送機、陸上自衛隊の完全武装部隊や、トラックなど合計八トンから一〇トン積載可能であり、両側のドアのほかに、後方にも貨物積載用のドアがついている。こういうような輸送機をつくってくれという要求を航空自衛隊でまとめているのであります。これは雑誌『世界』四一年六月号に載った三次防に関する吉原公一郎論文に出ております。この輸送機CXによる輸送能力および速度の増強により、第一空挺団の海外派兵能力、侵略部隊としての性格はいっそう増大することになるでしょう。

(3) ヘリコプター部隊

ヘリコプター部隊の参加する演習は三五年頃から始まり、三六年秋の岩手山麓演習では、レインジャー部隊（後述）の奇襲攻撃とともに、ヘリコプター作戦が実施されています。この作戦はヘリコプターの機動性を、局地戦闘において最大限に活用する作戦方式で、ヘリコプターによる偵察、警戒のほか、人員、火砲の急速な移動、ロケット装備のヘリコプターによる地上攻撃、戦車との協同作戦などを内容としています。

この戦術は、アルジェリア人民の闘争を弾圧するためにフランス軍が用い、今日ヴェトナムでアメリカ軍は大量のヘリコプターを投入しているのであります。すなわち、ヴェトナムにおいてアメリカ軍地上部隊がジープなどで走った場合には、各所随所でベトナム解放民族戦線の武装力に捕捉され、攻撃を受けるので、地面から離れてあちこち飛びまわり、ヘリコプターから地上を撃つというかたちをとらざるをえなくなっています。第一騎兵師団というアメリカ陸軍の部隊は、遠く南北戦争の頃はその名のとおり馬に乗っていましたが、第二次大戦ではそれがジープに変わり、そして現在はヘリコプターに乗るに至ったのであります。陸上自衛隊は、第二次防衛力整備計画（二次防）ではじめてヘリコプター充足計画を立てました。二次防の基本方針の冒頭には第七師団の機械化やミサイルの装備とならんでヘリコプター機動力による防衛能力の近代化をかかげています。二次防の基本、つまり昭和三七年～四一年に至る防衛力整備の根幹は、第七師団を機械化する、地上のミサイルを装備する、ヘリコプターを強化する、この三つであり、そしてヘリコプター部隊の定員を三六年度一七五人から四一年度末には二六五人と九〇人増員することを決めています。二次防で陸上自衛隊がヘリコプター部隊を強化する趣旨として考えていたのは次のようなことです。「将来における戦闘様相が分散運用の能力を必要とすること及び航空機の発達からみて、低空を利用する空地一体の戦闘をすることが今後陸上自衛隊の進む方向である。こうした将来戦の様相とヘリコプターの技術的開発から、地上部隊と融合し、これと一体となって地上作戦を遂行しうる各種ヘリコプターの増強が、今後陸上自衛隊の体質改善ないし近代化のため極めて重要である。このため必要とする機数として、①一個連隊を短時間に隣接方面地域に輸送するための大型ヘリコプター二四機、②一個中隊を同時に戦術輸送するための中型ヘリコプター三〇機、③地上部隊と融合しその一部として、偵察、警戒、戦闘行動を行うヘリコプター（一個師団につき新たに中型ヘリコプター一〇機、小型ヘリコプター一〇機）を予定する」。

さらに陸上自衛隊におけるヘリコプターの役割、任務については次のように考えられていました。

「（イ）指揮連絡。空中機動能力等から極めて有効である。将来、部隊行動の分散、流動化、副通信手段としての効用からますます必要である。

（ロ）偵察。地形に制約されず、空中機動力を利用して地上偵察の能力不足を補うためにその価値は大きい。将来戦場の拡大、火器射程の増大、写真、電子兵器の発達等によりますます必要である。

（ハ）観測。地上観測に比し、地形気象等の条件に支配されにくいので、空中観測に期待されるところが大きい。将来ＳＳＭ（対地ミサイル）等装備のため高性能観測機の利用価値が大きくなる。

（ニ）戦術輸送。地形の制約、交通妨害を受けずに迅速に輸送でき、特異の価値を発揮する。将来、空中機動部隊を輸送して空地一体作戦の骨幹となる。

（ホ）全般輸送。右の特性を発揮し特に集中的に部隊又は重要装備品を輸送でき、その重要度は極めて大きい」。

また、右の任務に適応する機能として「（イ）（ロ）（ハ）の指揮連絡、偵察、観測については、近距離連絡観測機、中距離連絡観測機、（ニ）の戦術輸送については、緊急輸送機UH1、（ホ）の全般輸送については緊急輸送機（大型ヘリコプター）」をあげています。

そして、昭和四二年度からの第三次防衛力整備計画では、いっそうこれを強化しようとしています。前述の米第一騎兵師団からヒントを得て、日本の陸上自衛隊でもこれに相当するヘリコプター部隊をつくろうとしています。四〇年一一月陸上幕僚監部は特別空輸機動ヘリコプター隊をつくることを決めました。この部隊は、パートル一〇七型大型ヘリコプター四八機で編成され、一個連隊一三〇〇人の兵力をわずか二回の空輸で目的地に移動させます。乗り組む部隊としては第一空挺団が予定されるということであります（夕刊日曜新聞四〇年一一月七日）。田中証言（二五八五丁）においてもこれを裏づける事実が述べられております。さらにこのことを防衛庁は少しも隠すことなく、最近、東京の豊島園で行われた防衛博覧会で配った防衛庁の文書にもはっきりと、ヴェトナムのアメリカ軍のヘリコプター作戦にならった訓練を行っているということが明記されております。

さらに、前掲『世界』の吉原公一郎氏の論文は、米第一騎兵師団と、陸上自衛隊のヘリコプター部隊の編成、装備が、現在どのように近似しているかということを数字を出して一覧表で示しています。こうしたヘリコプター部隊の急速な充実強化は、自衛隊がアメリカ軍の一翼を担って、ヴェトナムはじめアジアの民族解放運動を弾圧せんとする準備とみるほかありません。日本本土内では、近く武装反乱やゲリラがあらわれる可能性は全くありません。とすれば、ヘリコプター部隊の急造の意図については、そうみるしかない。ヘリコプター部隊の急速な充実は、明らかに海外派兵、侵略、アジアの民族解放運動弾圧の準備であり、かようなことは憲法の断じて許さぬところです。

(4) レインジャー部隊（対遊撃戦・対ゲリラ戦）

陸上自衛隊では、レインジャー部隊の訓練を行っています。レインジャー部隊の任務は、

（イ） ゲリラ作戦の計画、実施、相手方ゲリラ部隊の掃滅、

（ロ） 直接戦闘に参加せず、現地人部隊を投入し訓練と作戦指導を行う、

ということにあります。しかし、先にも述べたように、今日および近い将来、日本の国土にゲリラ部隊が発生する可能性は、全くないといってよいでしょう。また、日本の防衛戦闘なら、現地人を使う必要はありません。このことは、つまり自衛隊の海外派兵を前提としてこそ、はじめて理解できることなのです。ゲリラ部隊がおり、現地人がおるところ、すなわちアジア諸国へ自衛隊が出兵することを予定しているからこそ、このような部隊とこのような訓練が必要とされているのであります。そのことを裏づけるものとして、ここで、かつて国会で暴露され大問題となっ

た陸幕の「治安行動」（草案）をあげなければなりません。この第二編第三節第四款は、次のように書いています。

「暴徒は……時として機関銃、迫撃砲を所持していることがある。この種暴徒は、しばしば組織的であり、かつ、よく訓練され、自衛隊の治安行動に対する各種対策を創案し、遂には、不正規軍的な性格をもって行動するにいたる」。

また、第四節第二款は次のように書いています。

「暴徒は、しばしば山岳地帯に拠点を構成し、遊撃行動をとる場合がある。……部隊は山地戦に準じて編成、装備及び通信連絡について創意工夫することが必要である」。

機関銃や迫撃砲をもち、組織的に訓練され、自衛隊の治安行動に対する対策を創案し、不正規軍的性格をもち、山岳地帯に拠点をつくり、遊撃行動をとるというような「暴徒」が、近い将来わが国土内に出現することは、到底考えられないのです。とすれば、これは明らかに、ヴェトナム、朝鮮などの民族解放闘争弾圧を前提としたという以外に考えられません。

遊撃戦対策については、陸上自衛隊幹部学校研究部の市川宗明二佐が、防衛庁の部外広報誌『広報アンテナ』で、次のように書いています。

「遊撃戦は欧米人に理解しにくい、東洋人のみが真につかみうるアジアのものである。日本人が遊撃戦に対して無関心、無理解のままでいることは将来に大きな不安をもたらす。われわれ現在の日本人が、遊撃戦に手こずり、苦しむ欧米民族に替って自由陣営の一員としての立場から対処し、世界の平和に貢献することも不可能ではない。わが民族は、古くから遊撃戦と因縁浅からぬ関係にあり、しかもそれは実施者としてでなく被害者としてである。このような民族の歴史をふり返り、名誉ばん回のためにも遊撃戦を理解、把握、強いては対決すべく奮起してもよいのではなかろうか」。

彼の言っていることは非常に明確であります。つまりわが日本人は古くから、中国などでの遊撃戦でやっつけられた被害者だ。今、アジアで欧米民族に代わってこれに対決しようじゃないか、ということを言っておりますから、意図は明確であります。

田中証人も、第二二回公判で、弁護人の問に対して要旨次のように答えています（二五九四〜二五九八丁）。

「三矢研究でも、遊撃戦、ゲリラ戦に対する対策に触れたところがある。それは一番最後の六動か、七動くらいです。遊撃戦対策は、三矢研究当時から、おおいに力を入れてきたという点はあったと思う。幹部学校の研究部でも研究していたことはある。大東亜戦争中の中国における戦訓もとり入れている。欧米人の対ゲリラ経験については、われわれが学ぶところもたくさんある。そういうものもとり入れている」。

2 海上自衛隊

海上自衛隊の場合、潜水艦は今まで七五〇トン程度の近海用のものが多かったが、三次防の中では一七〇〇トンクラスの外洋潜水艦に替えようとしています。四〇年一二月二三日の朝日新聞によると、これは〝涙滴潜水艦〟と呼ばれ（前方から見ると船体の型が涙滴に似ているため）、佐世保に入港しているアメリカの〝スキップ・ジャック型〟と同じような潜水艦ですが、そういう潜水艦を取り入れよ、つまり攻撃型の原子力潜水艦に近いものをつくろうとしているのであります。海上幕僚長の西村海将は、四一年三月一六日、記者会見で「各国の海軍は、自国の生命線を守るために全力をあげる態勢であるので、日本としても中東地域からわが国への石油輸送ルートを護衛するためにも、護衛艦を多くつくらなければならない」と述べた。そして、三次防では五〇〇〇トン級（今は三五〇〇トン）の護衛艦――これは、もはや駆逐艦というよりも巡洋艦クラスですが――の建造を要求しています（朝日新聞四一年三月一六日）。

また、海上自衛隊は練習艦隊の遠洋航海訓練として、四一年秋にはわざわざ台湾、フィリッピンに寄港しておりますが、これは東南アジア海域出動のための準備とみられます。なお、海上自衛隊は現在、明らかに上陸作戦を前提としなければもてないもの――これは砂川事件の主任弁護人をなされた海野普吉弁護人が、つねにこの自衛隊の侵略性を強調するときに、用いられた例証でありますが――つまり上陸用舟艇、揚陸艦、こういったものをどのくらいもっているかといいますと、『防衛年鑑』によれば、揚陸艦三隻、揚陸艇一一隻、万能揚陸艇六隻、自動揚陸艇四二隻、揚陸艇四六、これだけ保有しております。最近、福井静夫・元海軍技術少佐の書いた『防衛年鑑』の論文によりますと、アメリカ・イギリス・フランス等における海軍は、揚陸艇、揚陸艦の近代化に非常に力を入れております。今まで、あまり上陸用の揚陸艇に力をさかなかったこれらの海軍が、非常に力を注いでおる。とくに、これらの大型化、耐波性、凌波性、ヘリコプター積載能力について非常に研究を強めておるということが、現在の趨勢なのであります。

3 航空自衛隊

(1) 主要戦闘機の性能

主要戦闘機、F86D、F86F、F104J、この三種の行動半径を、「自衛隊装備年鑑」(一九六五年度)で調べてみると、次のようになります。F86Dは北九州板付基地を発進した場合、八〇〇キロまで行けます。具体的には、中・朝国境の鴨緑江岸の新義州のあたりまで飛べます。F86Fは九七〇キロ。したがって中国東北部の大連、旅順、大石橋、通化、清津、羅津の近くまで行けます。F104Jは一六二五キロ。これは、はるかにハルビン、さらにソ連沿海州まで行けます。

(2) F86Fの爆撃機転用

こういう戦闘機は、単なる迎撃用、消極防空用の戦闘機ではありません。すでに攻撃の任務と能力をもった戦闘爆撃機となりつつあります。田中証言も物理的にこの可能性を認めております。さらに教育訓練の成長いかんによっては、やろうと思えばやれないことはない、と（一二五四八〜一二五四九丁）ひかえめではありますが、これらの事実を認めざるをえませんでした。

航空自衛隊はすでに昭和四〇年、Ｆ86Ｆを爆撃機にかえて、空対地訓練を始めているのであります（毎日新聞昭和四〇年一〇月三一日）。田中証人も、この事実を認め、これは地上戦闘協力の推進のためだといっております（一二五四六〜一二五四七丁）。つまり、Ｆ86Ｆは爆撃機に転用されております。なぜこの爆撃機を持っておるのか。これは自衛のためというのでしょうが、同時に攻撃のため、海外爆撃のためにも使いうる、そういう能力をもつものだということを見落すわけにはまいりません。

(3)　三次防とＦＸの機種選定

さらに、これにとどまらず、第三次防衛力整備計画においては、次期戦闘機ＦＸは、Ｆ４になるか、Ｆ５になるか、Ｆ111になるか、という問題があるといわれます（吉原公一郎、前掲論文『世界』四一年六月号一一五頁）。これら候補に上っておる戦闘機は、雑誌『航空情報』その他の専門誌によると、今、アメリカがヴェトナム人民殺戮とヴェトナムの国土の破壊に使っている攻撃的飛行機ばかりであります。いいかえれば、これらはいずれも「防衛用」「防空用」「迎撃用」の戦闘機ではないのです。たとえばＦ４は俗にファントム戦闘機と呼ばれ、今ヴェトナム人民殺りくのための南爆、北爆にさかんに使われている飛行機です。これは、一九六六年版『ジェーン航空年鑑』によると、通常兵装はスパロウ3型、こういった空対地ミサイルを六発積載できます。対地攻撃用の原爆、または通常爆弾は七二五〇キロまで、つまりF86の七倍積めるわけです。またF111は爆弾の積載量からみても、航空距離からみてもすでに「戦略」戦闘爆撃機といえるものであります。これはB52に代わる機種であって、戦闘行動半径が約三〇〇〇キロ、F86Fの倍、沖縄からゆうにヴェトナムに行けます。九州からも行けます。そしてこれは可変翼機といわれます。今のF104Jでさえハルビンまで行けるというのに、それでも足りずにそれ以上の爆弾積載能力と航続距離をもつ飛行機を自衛隊が保有しようとしているのは、いかに抗弁しようとしても、海外侵略の意図のあらわれであります。

七　自衛隊はアメリカに従属した海外派兵、侵略の軍隊である(3)

――教育訓練からの分析

1　演習の分析を重視する理由

自衛隊の教育訓練、その中でも、とくに実兵を使ったところの演習について、なぜ、その分析を重視するのか。およそ一国の軍隊がどういう作戦能力をもっているかを知るためには、演習がどのような想定で、どのような規模で行われているかをみることが最も大事であると思います。そういう意味では服部卓四郎・元参謀本部作戦課長の著書『大東亜戦争全史』が役に立つ。「これは極めて信頼度の高いものである」と田中義男証人も推奨しております（二六四九丁）。同書などで、太平洋戦争開始直前の演習の経過を調べる必要があります。

日本軍部は昭和一六（一九四一）年一二月に南方各地に対する侵略戦争を始めたのでありますが、すでに同年の三月から四月にかけて、陸海軍合同の海上輸送および敵前上陸の大演習を行っています。すなわち、中国揚子江河口の舟山列島を出発した上陸作戦軍は、海軍艦艇および航空部隊の護衛のもとに、敵の海空戦力の攻撃をかわして、東シナ海を航行し、北九州に上陸して、佐世保要塞を攻略するという想定の大演習を行いました。この上陸作戦軍の最高司令官は今村均中将で、彼はのちに蘭領インドシナ（今のインドネシア）攻略軍の最高司令官となった軍人です。そして、その演習に参加した幕僚のほとんど全部が南方に対する侵略戦争の幕僚として現地に派遣されています。

また、昭和一六年の六月には、海南島を一周する敵前上陸機動演習が参謀本部の辻政信参謀の指導で行われました。そして、この演習の結果をもとに、辻参謀は「これさえ読めばいくさは勝てる」というパンフレットをつくって将兵に配りました。なお、この演習では一〇〇〇キロの海上輸送を行いましたが、この距離はタイの海岸からシンガポールまでに相当します。昭和一六年の八月には大本営陸軍部指令によって今後の演習の要綱が決められました。この指令によると、「揚陸された部隊付属の多数の車両を敵の空中攻撃下において迅速適確に整備して速やかに作戦行動に移行しうる訓練」、「比較的波静かな海面を小型船舶で疎開渡航する訓練、とくに水ぎわの訓練」を重視せよとあります。

さらに、旧日本陸軍では昭和一五年夏までの訓練の重点は対ソ作戦であったので、広漠不毛極寒地の作戦を重視しました。しかし、一六年八月、こんどは急遽、寒いところから暑いところに作戦の方向を変えたので、訓練方法も変え「熱地の風土に即応し、とくに未開地の苦難を克服して、連日、戦闘力を発揮しうるごとく練成せよ」として「訓練項目」の一つに「熱地における人馬の防疫対策、体力保持増進に関する訓練」をあげています。太平洋戦争の前には、このように戦争即応の演習が行われています。およそ自分の国の作戦計画と違うような方向の演習を行うことなど考えられません。自衛隊の演習を調べることは、前述三の作戦運用面、四の編成面からの分析とあいまって、自衛隊の海外派兵能力と侵略性を論証しようとするものです。

2 海上輸送、上陸、着陸演習

三矢研究の前年の昭和三七（一九六二）年以後、海上輸送（機動）、上着陸演習が次第に増加し、かつ規模も陸海空統合の大規模なものになりつつあることが顕著な事実であります。

(1)　昭和三七年、第二師団は留萌から天売島に向かい、海上機動演習を行っています（『防衛年鑑』）。

(2)　同年七月、第四師団は壱岐の島に向かい敵前上陸演習を行っています（衆院予算委員会、岡田春夫氏質問、島田教育局長認める。同じく『防衛年鑑』）。

(3)　同年一一月、昭和三七年度統合海上輸送演習が行われ、陸海空三自衛隊が参加し、自衛艦隊司令官杉江海将が統裁官で、名古屋から静岡県三保松原まで輸送を行った。輸送には海上自衛隊の揚陸艦および揚陸艇を用い、護衛艦がこれを護衛し、陸上自衛隊第一〇師団が参加しました（第二二回公判の田中証言、二六〇七〜二六〇八丁）。

(4)　同年一〇月には北部方面隊演習が行われました。これは田中証人によれば、翌年の三八年の統合大演習（オーロラ演習）の「予行演習みたいなかっこうでもって」行われたといわれます（第二二回公判、二六〇九〜二六一〇丁）。この演習では第一空挺団の島松演習場への降下、第一一師団の内浦湾への上陸が行われたのであります。

(5)　以上の(1)〜(4)の演習はその後三八年二月から行われた三矢研究に「大なり小なり影響を与えているというふうに」考えられます（第二二回公判の田中証言、二六二四丁）が、三矢研究のあとでも、引き続きこの種の演習は続けられています。まず、三八年九月二日〜七日に行われたオーロラ演習については、毎日新聞三八年九月一日付けの記事が非常にくわしく述べておりますが、時間の関係でこの朗読は省略致します。

(6) 三九年一〇月二四日~二五日にかけての第一五連隊の演習。「三九年一〇月二四日、第一五連隊は大分県神崎海岸から護衛艦『もみ』『まき』に分乗して出発、途中敵機の攻撃を排除しながら二四日夜は伊予市沖合に仮泊し、二五日朝、両艦のほか駆潜艇『みさご』『かもめ』、第一二揚陸隊『そぎく』、上陸用舟艇七隻が参加して上陸戦を開始し、二四日夜先行した一部隊員が対抗部隊となって応戦し空からはF86Fが超低空で上陸部隊前方の対抗部隊を攻撃する」(朝雲新聞三九年一一月一九日)という演習です。

(7) 昭和四〇年の一一月一〇日から一四日までの間、北陸、福井県で大演習が行われました。第一〇師団、第一空挺団、第六航空団参加のもとに着陸演習が行われました。相当の強風の中で、降下させたため空挺団の隊員中に重傷者多数を出しています。

(8) 同年一一月二二日から統合演習が行われています。同演習は、非常事態発生(つまり戦時)の際の三自衛隊の協力体制を訓練するのが目的でありました。紀伊水道から土佐沖にかけての海上輸送訓練、対潜水艦訓練、防空訓練が行われました。参加部隊の中には第一揚陸隊が加わっています。この第一揚陸隊には第一一ないし第一五の各揚陸艇五隻が含まれており、これらは武器、弾薬、兵員を輸送する船であります。このような統合演習は、まさに海外派兵のための準備といわねばなりません。

(9)　沖縄への輸送演習。沖縄への自衛隊員の派遣はしばしば戦跡視察という名目で行われてお
ります。しかし、実際、何に乗っていき、何に乗って帰ってきたかということが問題ですが、海
上自衛隊の揚陸艦で行った組は、航空自衛隊の輸送機C46で帰ってくる。C46で行った組は揚陸
艦で帰ってくる。これについて四〇年三月の沖縄への幹部候補生の派遣の際、陸上自衛隊幹部候
補生学校の大津二等陸佐は「今度の沖縄派遣の輸送には海空自衛隊があたったが、陸海空三軍の
共同訓練にもなり、有意義であった」ということを語っております（琉球新報四〇年三月一五日）。
このことは田中証人も認めており、お互いに知り合うということで精神的にも役に立つ、という
ことを言っております（二六四二丁）。

(10)　田中証人の上陸演習に対する評価。田中証人は、「上陸演習は何のために行っておったの
ですか」という弁護人の質問に対して「日本の国が細長い国で、交通連絡が非常に悪いから、あ
る端っこに防衛行動を必要とする場合に、陸上だけでは足らず、海からも部隊を動かさねばなら
ぬ。そこに上陸演習が重視される」と答えています（一三回公判、二七九九丁）。なるほど、そう
いう訓練にもなるでしょう。私たちも、それを全く否定はしません。しかし、それならこの日本
の国土を使った上陸演習はすべて、国土防衛のための部隊移動のための演習だということになる
のだろうか。決してそうはならぬと思います。田中氏の言うような意味の訓練にもなるかもしれ
ぬが、同時に海外派兵、外国上陸のための訓練にもなります。上陸軍を迎え撃つ演習にもなるが、

同時に敵国に上陸を強行するための演習にもなることは、絶対に否定できないのであります。

3 「占領法規の概要」その他の文献

陸上自衛隊では朝鮮戦争のアメリカ軍の経験をもとにして「捕虜取扱の概要」、「占領法規概要」をつくり、さらに「大東亜戦争中のわが支那派遣軍の経験」をあげて、具体的手段の応用面を検討しておくよう指示しています。

なお、右の事実については、現に水戸地裁民事部で係属中の百里基地関係訴訟において、国側が準備書面の中で認めておる（自白している）のであります。検察官のいうような、防衛のための実力であるならば、どうして占領法規の研究や支那派遣軍の研究をする必要があるのでしょうか。

八 防衛駐在官、防衛視察団その他の海外派兵準備

1 防衛駐在官

防衛駐在官派遣の問題が出たのは、すでに昭和三七（一九六二）年八月一日の日米安保協議委員会およびその頃であります（二二九九丁）。四一年二月一〇日の衆議院予算委員会での、松野頼三防衛庁長官の答弁では、ヴェトナムには同年五月に駐在官を派遣する、韓国には近く駐在させた

いということを言っています。この防衛駐在官の任務は、ヴェトナムおよび韓国の軍事情勢を調査し、情報を収集し、兵要地誌をつくり、将来派兵のための準備をするにあるものと思われます。

2　防衛視察団のヴェトナム派遣

さらに、防衛研修所教官の小谷秀二郎氏は南ヴェトナムを視察したのですが、そのときにアメリカのB52爆撃機に搭乗して爆撃を視察しています。たまたま彼が爆撃機に乗っている写真がアメリカの雑誌 *LIFE* に載り、国会で追及されました。しかし、小谷氏のこの搭乗は決して彼一個人の好奇心や思いつきでなされたものではなく、防衛庁の指示によるものとみざるをえません。昭和四一（一九六六）年九月二二日には防衛視察団がヴェトナムへ出発しています。この視察団は、防衛審議官の有吉久雄氏、陸幕第二部長（情報担当）の田畑陸将、空幕調査第二課長の武田一等空佐の三名です。彼らは南ヴェトナムの前線基地ダナン、カムランなどを視察しています。この防衛視察団の派遣は、実際に南ヴェトナムで航空機や各種兵器がどのように使われ、どんな効果があるかを調べ、今後の防衛計画を立てる参考資料を集めるのが主なねらいとされています（毎日新聞四一年九月二二日）。

しかし、これは大変なことであります。自衛隊が自衛のための軍隊ならば、どうして南ヴェトナムで飛行機や兵器がどういうふうに使われ、どういう効果をもっているかなどということを調べる必要があるのでしょうか。また、それを調べることが今後の防衛計画を立てる参考資料になるというのですから、今後の自衛隊の防衛計画なるものは南ヴェトナムに対する出兵ということをも前提としてつくられるということが証明されたようなものです。

また、これらの視察団は、共産ゲリラ活動についての現地の情報を集める予定であるともいわれています（朝日新聞四一年九月二二日）。この場合、共産ゲリラとはいうまでもなくヴェトナム解放民族戦線の武装部隊のことです。日本を遠くはなれたヴェトナムにおけるこうしたゲリラの情報などをどうして自衛隊が集める必要があるのでしょうか。検察官の言う日本の防衛にとって、どういう必要があるのでしょうか。自衛隊の海外派兵、民族解放闘争弾圧の準備であるといわざるをえないのです。

服部卓四郎著『大東亜戦争全史』によると、太平洋戦争の準備としては、前述の「上陸演習」のほかに少佐または大尉クラスの参謀を攻撃対象地域に派遣しました。香港に一人、フィリッピンに二人、マレー半島に一人、ジャワに三人。その目的は情報収集と、兵要地誌の作成でありました。その際、彼らの作業のひとつが、それらの地域の「航空図」の作成、調整だったのです。

3 航空図

ところで、いまの自衛隊も航空図（五〇万分の一）をもっています。しかも、中華人民共和国の航空図です。このことは、昭和三五（一九六〇）年四月一日の第三四回国会衆議院安保特別委員会で飛鳥田一雄議員によって暴露されたものです。この航空図にはハルビン、大連、北京、天津、石家荘、太原、開封、漢口、南京、上海、桂林、金門、馬祖が書かれています。これは三四年八月調整、航空幕僚監部作成となっている。しかも、その備考欄には本図の訂正および追加に気がついた自衛隊員は、本図にその旨記入して防衛庁航空幕僚監部に送付されたいと書いてあります（二七九三丁）。しかもその航空図には、中国の演習場とか、対空陣地、軍用飛行場、軍民併用飛行場等の標識が記入されています（二七九二丁）。そして赤城宗徳防衛庁長官の当時の答弁では、これは、アメリカ軍から供与された航空図で、地名を英語から漢字になおしたのだ、ということを言っています。つまり、自衛隊はアメリカ軍と同じ航空図を使っているということです（二七九一丁）。さらに赤城長官は、こういう航空図をもっていることも日本国防衛のためだと強弁しているのです。しかし、中国領土の航空図をもっていることは、もはや、わが国防衛という範囲をはるかに離れた意図にもとづくものといわなければなりません。

田中証人は、航空図をどういう必要でもっておるのかについて、一般的に作戦が予想されれば、その予想される作戦に必要な地域の航空図をもっていると答えています（二七九二丁）。つまり、予想される中国での作戦に必要だからというのであります。防衛駐在官の派遣、防衛視察団のヴェトナム派遣、そして中国領土の航空図の保有、これらの事実は、かの太平洋戦争突入前の情報収集、兵要地誌作成の準備活動を想起するときに、いまや自衛隊がアメリカ軍に協力して海外派兵、とくに朝鮮、ヴェトナムへの派遣を行うための準備をしていることを示すものであります。

九　徴兵制その他侵略戦争に対応する国内戦時体制

1　三矢研究にあらわれた総動員体制の意図

(1)　「国家施策の骨子」

三矢研究文書のうち、「第三動研究問題」の第三問は「七月二一日臨時閣議において決定されたわが国防衛の基本方針並びに国家施策について骨子を述べよ」とあります。「状況下の研究、ナンバー一二、答解説明資料」によると、狭義の防衛力運用の基本方針ではなく、国家防衛に関する全般について研究を行うという前提に立ち、運輸、通信、放送、報道、経済についての中央統制機構の設置、金融統制、物価統制、重要戦略物資の備蓄、輸送などの問題にまでも触れています。

(2)　八十数件の戦時諸法案のスピード可決

「戦時諸法案と補正予算案の国会提出と成立」というところでは、八十数件の法案について、五月三一日にすべての提出準備が完了し、国会では委員会審議も省略して、すみやかに成立させるということがうたってあります。

(3)　「帝国国策要綱」を好凡例とする

「状況下の研究ナンバー一二、答解説明資料」によると「韓国情勢の推移に伴う国策要綱」をつくる上での好凡例として、昭和一六（一九四一）年七月二日の御前会議において決定された「独ソ開戦にともなう情勢の推移にともなう帝国国策要綱」をあげております。これはきわめて重大なことです。この帝国国策要綱には「独ソ戦に対しては三国枢軸の精神を基調とするもこれに介入することなく、ひそかに対ソ武力的準備をととのえ、自主的に対処す。独ソ戦の推移、帝国のため有利に進展せば、武力を行使して北方問題を解決し、北辺の安定を確保す」とあります。また「速やかに国家総動員体制に移行する」とあります。つまり、三矢研究で「好凡例」とした昭和一六年七月の帝国国策要綱は、外には侵略、内には国家総動員体制の方針を決めたものなのです。そういうものを「好凡例」とする以上、三矢研究も同じように侵略戦争と国家総動員のための研究とみなければなりません。

(4)　「非常事態諸法令の研究」について

三矢研究文書中の「非常事態諸法令の研究」という文書には、戦時立法の一覧表が出来ているのですが、そこには「大東亜戦争間」という欄があって、太平洋戦争中の戦時法令または行政措置が列挙されています。これらの大部分は、太平洋戦争の末期、昭和一九年より二〇年にかけての法令、行政措置であります。一例をいうならば、「国民義勇戦闘令」というのがあります。各職場、各地域に国民義勇隊をつくって、男性は一五歳～六〇歳、女性は一七歳～四〇歳、これらの人を戦争にかりたてようとしたのです。これをも参考にしろといっておるのであります。このことは、相当大規模な軍事行動を予想した作戦計画を防衛庁幹部らがもっているということを示すものであります。また、事実上の徴兵を予定しているということであります。もう一点つけ加えるならば、最高防衛指導機構の確立というのがあります。そしてこれは、国防会議を最高戦争指導会議、太平洋戦争中の最高戦争指導会議のようにするという案であります。今の国防会議が、戦争中の最高戦争指導会議と比べてちがうところはどこか、直そうというのはどこか。太平洋戦争の最高戦争指導会議は総理大臣、外務大臣、陸軍大臣、海軍大臣、参謀総長、軍令部総長の六名をもって構成されております。今の国防会議とちがうところは、首相、外相、防衛庁長官が入っていることは同じでありますが、参謀総長と軍令部総長、つまり統帥権をもっている者、軍の最高の指揮権をもっているところの者、天皇に代わってこの統帥権を使うところの者、これが今の国防会議の構成員に入っていない。したがって防衛庁・自衛隊側の要求は最高戦争指導会議というものをつくって、今の統幕議長なり、各幕僚長なりを、この国防会議に入れるという要求であるというほかないのです。つまり制服組の発言権をもっと強めるという意図が、うかがわれると思います。

2　現実に行われている「非常事態立法」の研究

四〇（一九六五）年八月一一日、防衛庁参事官会議が「非常事態立法」の研究を始めることを決めたと伝えられています（朝日新聞・毎日新聞四〇年八月一一日）。これは次の四つの立法です。

(1)　防衛出動時における陣地構築等の作業のための人員動員についての政令を、自衛隊法一〇三条にもとづいて定める。

(2)　自衛隊と日本赤十字社との間の関係を規制する立法をする。すでに日赤は三九年秋、四〇年、南ヴェトナムへ医療班を派遣しております。韓国の軍隊もヴェトナムに派遣されておりますが、韓国軍の派遣の順番は、先に医療班、次に技術班、三番目に戦闘部隊ですから、この医療班の派遣は決して、それで終わるものではない。次に技術、最後に戦闘部隊が行くという可能性を依然としてもっております。海外派兵の先兵がこの医療班、一見非常に非戦闘的にみえるこの医療班が、海外に行くことであります。さらに私は最近、恵庭事件公判で札幌に来て、平和運動の活動家の方々に聞いたところによると、千歳付近では、日赤の看護婦さんが非常に軍事的な訓練を受けているとのことです。日赤の戦争協力体制は顕著です。かつて日赤の報道部長は「赤十字は戦争の中から生まれたから、今後も戦争の中で生き続けてゆくだろう」と述べたことがあります。また、日赤のコンゴ派遣の報告書は「その組織の価値は赤十字の使命たる戦時又は動乱の際における日本の自衛隊又は外国の軍隊に如何に協力できるかの訓練に役立つ点にある」と書いています。そして救護班要員九六八四人、現地医療班要員八八一六人、特殊救護要員五〇二人、計一万九〇〇〇人を全国的に編成配置しています。日赤はさらに三九年秋には、医療班を南ヴェトナムに派遣しています。これらの事実は自衛隊が近い将来海外に派遣され、しかも相当数の死傷者を出すような行動をとることがすでに想定されていることを示すものです。

(3) 自衛隊員の「戦死」の場合の補償額を高くする。「戦死」した場合の補償金を特別に高くするための防衛庁職員給与法改正を研究しています。

(4) 防衛出動時の職員の給与の「留守宅送り」の制度を考えています。

これらの事実は、戦死者戦傷者を出すような軍事行動、さらには相当長期にわたり、日本をあとにする海外派兵が行われることを前提としなければ理解できない立法であります。防衛庁ではすでに四〇年八月に、制服組にあらざる文官が始めたということであります。

ここでは、三矢研究がもはや制服組だけの研究ではなく、文官をも含めたシビリアンがこれを抑えていない研究、むしろシビリアンがこれを助長している研究であり、日本政府の研究だということを指摘しておきたいのであります。

3 防衛徴集——自衛隊適格者名簿

三矢研究の「非常事態諸法令の研究」には、明確に防衛徴集制度ということが記載されています。また、三矢研究の統裁官たる田中義男証人は、その経歴において明らかなように、一五年三月から二〇年一月まで陸軍省兵務局兵備課員として徴兵の仕事にあたっていたのであります。そして、田中証人は証言の中で、徴兵制度が三矢研究においてとりあげられ、研究されたことを認めておるのであります。

最近「自衛隊の適格者名簿」なるものが滋賀県において暴露されました。これは国会において問題にされ、今、中高生の中でも自衛隊適格者名簿について、関心あるいは心配が非常に高まっております。成人式が一月一五日に行われましたが、青森県その他では、成人式が終わった青年たちがただちに村役場に押しかけ、自分の名前が名簿に載っているかと調べたそうです。切実な青年の気持であると思うのであります。これについては北海道のラジオなどで放送しております。これは、満一八歳から二四歳までの男子について、氏名、住所、生年月日、職業、さらに特技というものを記入することになっています。これはなんのためにつくったのか。明らかに一八歳から二四歳までというのは自衛隊に入隊できる年齢であります。この年齢の青年を各地方公共団体の役場が、事実上自衛隊の手先のようになって勧誘し、自衛隊を増強しようとしておるのであります。そして、これは防衛徴集制度、つまり徴兵制を実施するための一つの準備とみなければなりません。

本弁論で詳しく述べてきた自衛隊の侵略性は、このような国内の戦時体制にささえられているという面を見落としてはなりません。

一〇 結論

以上、各側面よりの分析を通じて、自衛隊がアメリカの極東戦略に従属し、そのもとで海外派兵、侵略を行う軍隊であることが明らかになったと信じます。そのような自衛隊、さらに自衛隊の保持を定めた自衛隊法が違憲だという弁護団の解釈、多くの学者の解釈こそが、また当裁判所が昨年六月三日に明らかにされた憲法の平和主義の理念に徹した厳格なる文理解釈に立つ立場というものこそが、正に現実に合致する正論なのであります。これに反した検事の立論は現実を全く無視した謬論であり、決して採用さるべきではありません。

自衛隊のかような危険な本質は、最近多くの国民によって次第に明らかにされ、理解されてきました。そして、それに対する批判、抗議、反対の動きがたかまりつつあります。自衛隊のかような危険な動きを日本国民と世界の平和勢力は決して許さないでしょう。そして人民の反撃によってアメリカと日本の一部の人の危険な動きは必ず失敗するでしょう。私は自衛隊員をも含めた全国民が、このような自衛隊の危険な側面を正しく認識し、ふたたび日本があの愚かな戦火にさらされないために、あらゆる努力を払うべき時機が今であると思うのであります。裁判官はこのような情勢を認識し、このような平和の勢力が必ず勝ち、反動と軍国主義の勢力は必ず敗れることを確信し、法律家としての立場から、勇気をもって自衛隊は違憲であることを明快に宣告されるよう強く要求するものであります。

編集部註――本最終弁論は『恵庭裁判――憲法九条と自衛隊』（一九六七年四月）に掲載されたものにもとづいています。

あとがき

戦争体験者が少なくなりました。私は戦前の社会と教育の中で育ち、戦争末期に海軍に志願して入りました。その体験が本書の第一章です。砂川事件最高裁判決（最大判一九五九・一二・一六刑集一三巻一三号三二二五頁）への米国の介入を追及した布川玲子先生（元山梨学院大学教授）を囲む勉強会での多くの質問と答を基にまとめたものです。

第二章は恵庭事件を映画化し、上映運動を続けている稲塚秀孝監督との対談です。野崎健美、美晴両氏との交流、全公判記録の読み込み、映画製作上の苦心を通じて、恵庭事件への思いを語ってもらいました。なぜ憲法判断を回避したのか。なぜ「無理と思われる」理由をつけてまで無罪としたのか。検察はなぜ控訴を見送ったのか。「知られざる真相」に迫ったつもりです。

第三章は、一九六七年一月、恵庭事件最終弁論で私が担当した「自衛隊の実態」全文です。四時間の弁論です。自衛隊は憲法九条に違反する違憲の軍隊であることを、実態から多角的に論証したものです。朝鮮戦争への参戦を想定した、一九六三年の統合幕僚会議事務局主催の図上演習「三矢研究」の内部文書および統裁官・田中義男元陸将の証人尋問記録を分析、援用した弁論です。実態論の骨格は、①自衛隊は対米従属の軍隊であること、②それ故に、侵略的、海外派兵の軍隊であること、③自衛隊の作戦運用、編成装備、教育訓練でそれが示されていること、という論立てをしました。

恵庭弁論から五六年余り経過しました。いま、安保三文書のもと、敵基地攻撃能力保有など米軍と一体・融合の自衛隊の実態が明らかです。この最終弁論などが、今の問題を考える上で少しでも参考になれば幸です。

最後に、本書刊行について終始お励ましとアドバイスをいただいた布川玲子先生、稲塚秀孝監督、日本評論社の柴田英輔氏と同社社友の高橋耕氏をはじめ皆様に心から感謝申し上げます。

二〇二三年六月

内藤　功

〈著者紹介〉

内藤 功（ないとう・いさお）

1931年3月東京都生まれ。明治大学法学部卒業。弁護士。1957年から73年まで砂川、恵庭、長沼、百里の裁判の弁護団。1974年から89年まで参議院議員2期12年。2001年から現在まで日本平和委員会代表理事。2004年から08年までイラク派兵違憲訴訟弁護団の顧問。主な著書に、『砂川判決と戦争法案——最高裁は集団的自衛権を合憲と言ったの？』（共著、旬報社、2015年）、『憲法9条裁判闘争史——その意味をどう捉え、どう活かすか』（かもがわ出版、2012年）、『よくわかる自衛隊問題——「専守防衛」から「海外派兵の軍隊」へ』（共著、学習の友社、2009年）、『朝雲の野望』（大月書店、1983年）がある。

自衛隊《じえいたい》違憲論《いけんろん》の原点《げんてん》

2023年8月15日　第1版第1刷発行

著　者——内藤 功

発行所——株式会社 日本評論社

〒170-8474 東京都豊島区南大塚3-12-4

電話 03-3987-8621　FAX 03-3987-8590

振替 00100-3-16　https://www.nippyo.co.jp/

印刷所——平文社

製本所——難波製本　装　幀——図工ファイブ

検印省略

ISBN978-4-535-52641-9　Printed in Japan
